Ute Karen Seggelke

60 Jahre und ein bisschen weiser

21 Frauen erzählen

Ich danke den drei Lektorinnen Nicola Stuart, Sarah Pasquay
und ganz besonders Bettina Eschenhagen, die das Projekt
engagiert zu einem guten Ende geführt hat.

2. Auflage 2009

Copyright © 2008 Gerstenberg Verlag, Hildesheim
Alle Rechte vorbehalten
Gesetzt aus der Cycles
Gestaltung und Satz: typocepta, Wilhelm Schäfer, Köln
Lithografie: PPP, Köln
Druck und Bindung: Offizin Andersen Nexö, Zwenkau
Printed in Germany

ISBN 978-3-8369-2589-1

www.gerstenberg-verlag.de

Inhalt

Ebba Bär

Jahrgang 1943, Buchhändlerin i. R.

*Still to ourselves in every
place consigned
Our own felicity we make
or find.*

Oliver Goldsmith

Mein Lebensgefühl heute ist von Gelassenheit, Fröhlichkeit und Zuversicht geprägt. Manchmal fühle ich mich allerdings ein wenig allein. Ich lebe erst seit drei Jahren wieder in Flensburg, und es braucht Zeit, um festzustellen, ob die Menschen, die ich neu kennenlerne, Freunde sind oder nur Bekannte. Das Alleinsein versuche ich durch alle möglichen Aktivitäten zu kompensieren. Ich bin zum Beispiel ehrenamtlich in einer kleinen Buchhandlung in der Diakonissenanstalt des großen Krankenhauses in Flensburg tätig. Sie sollte aufgegeben werden, als die Buchhändlerin vor zwei Jahren in Pension ging. Die Oberin versucht nun, sie mit Ehrenamtlichen weiterzuführen. Wir sind jetzt vierzehn Frauen, und ich gehe einmal in der Woche dorthin. Dadurch bleibe ich ein bisschen auf dem Laufenden, kann im Internet surfen und nach Neuerscheinungen suchen, das Börsenblatt lesen. Um Leute kennenzulernen, habe ich mich auch bei einem kleinen Theater hier im Gängeviertel engagiert. Wir haben ein Stück zusammen erarbeitet, eine skurrile Geschichte mit unheimlichen Begegnungen im Viertel, und alle hatten unglaublich viel Spaß dabei.

Ich habe vierzig Jahre in München gelebt und gearbeitet. Als ich in Rente ging, konnte ich mir diese Stadt nicht mehr leisten, eine Stadt, die alles bereithält, was ich aber nicht mehr wahrnehmen kann. Ich beschloss, mit meiner bes-

ten Freundin, die hier in Flensburg lebte, zusammenzuziehen. Was das kleine Flensburg bietet, ist für mich erschwinglich. Wir haben einen wunderbaren Bachchor, sehr gute Konzerte mit dem Schleswig-Holsteinischen Symphonieorchester und ein passables Theater. Als ich damals mit meinem Mann Flensburg verlassen musste und nach München zog, habe ich meine schöne Heimatstadt sehr vermisst. Als ich zurückkam, hatte ich ein bisschen Angst, in die Gegend

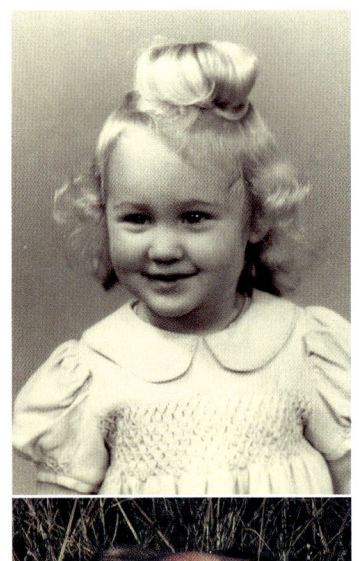

zurückzuziehen, in der ich aufgewachsen bin, weil meine Familiengeschichte sehr belastend war, aber inzwischen ist so viel Zeit vergangen, und ich bin auch eine ganz andere geworden, dass es mir nicht mehr viel ausmacht. Hier gibt es im Gegensatz zu München keine Hektik. Die Uhren ticken ein bisschen anders, alles ist zu Fuß zu erreichen – ein wenig kleinklein, aber nett.

Mit dem rigorosen Schnitt, mit der Arbeit aufzuhören und gleichzeitig umzuziehen, habe ich mir zu viel zugemutet. Ich hätte beides entzerren sollen, aber die Wohnung hier war vorhanden, und so ging es hopplahopp. Dass ich mich wirklich übernommen hatte, merkte ich erst, als ich schon hier lebte. Man fällt in ein Loch, weil man nicht mehr gebraucht wird, und muss selbst den Tag strukturieren. Auch dann, wenn man sich vorgenommen hatte, sich endlich im Rentenalter verstärkt mit Ornithologie zu beschäftigen oder in Bibliotheken zu sitzen und sich mit etwas auseinanderzusetzen, das einen schon immer interessiert hat, braucht es doch viel Energie und Konsequenz, um das auch wirklich zu tun. Aber ich wollte diesen rigorosen Schnitt. Ich hatte so lange als Buchhändlerin gearbeitet und war als Angestellte immer eingebunden. Man steht an schönen Sommertagen da und denkt daran, was man jetzt alles tun könnte. Jetzt endlich kann ich das, und ich genieße es. Ich setze mich morgens auf mein Fahrrad und bin den ganzen Tag unterwegs. Ich fahre weite Strecken, setze mich an den Strand, pflücke Brombeeren, aus denen ich dann Marmelade koche, sammele Nüsse. Und ich habe etwas angefangen, das nennt sich Stenciln. Es ist Stoffdruckmalerei mit Schablonen. Ich bedrucke alte Leinenstoffe und gehe damit auf Märkte. Ich kann nicht dauernd im Sessel sitzen und lesen, höchstens zwei Stunden am Tag, dann muss ich mich bewegen.

Mich treibt eine Art Entdeckerfreude und Neugierde an. Ich bin hier in Flensburg auch als Gasthörerin zur Uni gegangen und habe Seminare in Germanistik belegt, die mir viel gebracht haben, aber dann wurden Studiengebühren eingeführt, die ich mir nicht leisten kann. Ich würde damit gerne weitermachen, aber kein Studium generale oder so etwas, das mich wieder in ein Zeitraster presst. Ich möchte einfach das Gefühl haben, mit der Zeit spielen zu können, nach dem Lustprinzip zu handeln.

Was mir noch fehlt, ist der Zuspruch durch andere Menschen, die Resonanz, die Bestätigung. Jetzt muss ich versuchen, nur mit dem Potenzial, das sich in mir angesammelt hat, jemand zu sein, ohne die Funktion, die ich innehatte. Das Zusammenleben mit der Freundin endete in einem Desaster, sie konnte mich nicht auffangen, sie musste mich sogar bekämpfen. Das war keine schöne Geschichte, an der ich aber sicherlich auch nicht schuldlos war. Wir hatten wohl vorher zu wenig darüber gesprochen, wie wir uns das Zusammenwohnen vorstellten. Selbst nach all den Jahren dieser Freundschaft stellte sich heraus, dass wir zu unterschiedliche Vorstellungen hatten. Es funktionierte einfach nicht. Ich hatte sicher seit langer Zeit verlernt, in einem Wir zu denken. Das hätte ich entwickeln können, wenn es besser gelaufen wäre. Aber so musste ich einfach nur fliehen, um mich zu retten.

Ich erinnere mich an eine glückliche Kindheit. Wir wohnten in einem Haus zusammen mit unserer Großmutter mütterlicherseits, der das Haus gehörte, aber Großmutter und Vater verstanden sich nicht, sie lebten wie Katz und Hund unter einem Dach. Wir haben als Kinder wenig davon gemerkt, das kam erst später. Ich war die älteste von fünf Schwestern. Ich liebte meine Großmutter

sehr und sie mich auch. Sie war die eigentliche Bezugsperson für mich und hat mich sehr verwöhnt. Mein Vater kam erst 1948 aus französischer Kriegsgefangenschaft heim. Er war ein labiler Mensch, hart und jähzornig. Er strafte uns für kleinste Vergehen schwer und schlug uns viel. Er starb mit siebenundsechzig Jahren, und ich sage gern scherzhaft, wenn ich ihn im Himmel treffen würde, würde ich ihm als Erstes eine riesengroße Ohrfeige verpassen. Ich bin da ziemlich unversöhnlich. Ich hatte mein Leben lang Angst vor ihm und habe nie verstanden, wie unsere Mutter danebenstehen konnte, wenn er uns verprügelte. Meine Kindheit verlief wahrscheinlich deswegen einigermaßen schön, weil Großmutter sich um mich kümmerte; sie bildete einen Ruhepol und fing uns immer auf.

Als ich fünfzehn, sechzehn war, begeisterten mein Vater und ich uns für den Rock 'n' Roll. Ich weiß noch, wie wir im Kino gesessen und »Rock around the Clock« gesehen haben und es die Leute nicht mehr auf ihren Sitzen hielt und wir in den Gängen Rock 'n' Roll tanzten. Das war wundervoll. Und es gab am Samstagabend eine Sendung mit Chris Howland, der die neuesten Songs vorstellte. Die hörten mein Vater und ich immer. Das ist eine schöne Erinnerung an ihn. Über die Songtexte habe ich Englisch gelernt und konnte dann auch sehr bald Hemingway und Steinbeck im Original lesen.

Als unsere Mutter sehr früh, mit neununddreißig Jahren, starb, setzte unser Vater unsere geliebte Großmutter vor die Tür und verbot uns, sie zu besuchen. Ich war sechzehn Jahre alt und die jüngste von uns Schwestern gerade zwei. Meine Mutter hatte einen furchtbaren Unfall. Sie stürzte vom Fahrrad, erlitt dabei einen doppelten Schädelbasisbruch und starb nach drei Tagen im Koma. Ich wurde vom Gymnasium genommen und auf die Frauenfachschule gesteckt, weil mein Vater der Meinung war, nun sollte ich den Haushalt weiterführen. Aber selbst er sah dann ein, dass das wohl nichts für mich war. So ging er eines Tages mit mir zur Buchhandlung in der Nicolaistraße und sagte: Sie tut nichts anderes als lesen. Können Sie sie brauchen? Und so fing ich mit siebzehn meine Buchhändlerlehre an, die ich mit zwanzig beendete. Nach einer unglücklichen ersten Liebe habe ich mich völlig in meine Bücher vergraben und gelernt, gelernt, gelernt und gelesen, gelesen, gelesen. Ich war damals noch in der Lehre und habe mich in eine Richtung entwickelt, die ich später konsequent weiterverfolgt habe.

Ein Jahr später habe ich geheiratet. Im Jahr darauf wurde mein Sohn geboren, und ich zog mit meinem Mann nach München, wohin er versetzt worden war. Als das Kind in die Schule kam, habe ich angefangen, halbtags bei Christian Kaiser, der Buchhandlung im Rathaus, zu arbeiten. Ich war glücklich, wieder arbeiten zu können, und verliebte mich in einen jungen Amerikaner. Ich war damals etwa dreißig Jahre alt, und er war der Auslöser dafür, dass ich mich von meinem Mann scheiden ließ. Mein Sohn war erst acht Jahre alt und litt sehr unter der Situation. Nach fünf Jahren Zusammensein mit diesem Mann mussten wir uns trennen, weil mein Sohn psychisch krank wurde.

Ich habe mich ganz auf die Literatur konzentriert. Sie ist etwas, was ich geliebt habe, was ich immer noch liebe und was ich bis an mein Lebensende lieben werde. Bücher sind einfach die besten Freunde; sie bleiben. Ich habe zehn Jahre in der Autorenbuchhandlung in München gearbeitet, es waren die siebziger Jahre, eine aufregende, auch anstrengende Zeit, die mich sehr geprägt hat. Wir hatten häufig Autorenlesungen, und ich lernte viele Schriftsteller kennen. Ich habe immer bedauert, dass ich nicht studieren konnte; das tue ich eigentlich auch heute noch. Jetzt ist es zu spät, aber ich übe mich gerade in der Kunst, mit dem zufrieden zu sein, was ich habe. Man kann in jeder Lebenssituation etwas für sich lernen und das Beste daraus machen. Ich habe immer versucht, für mich selber weiterzukommen, nicht mit einem äußeren Ziel, sondern nur für mich. Das ist ein starker roter Faden in meinem Leben.

Die Brüche in meinem Leben fanden mit jedem neuen Jahrzehnt statt. Mit zwanzig oder kurz danach die Heirat, mit dreißig die Scheidung, mit vierzig eine knallharte Midlifecrisis, die einherging mit der Kündigung bei der Autorenbuchhandlung, kurzer Arbeitslosigkeit und einem Neuanfang in einem Verlag. Wieder in einer Buchhandlung, habe ich mit fünfzig noch mal richtig losgelegt, dort verbrachte ich die schönsten zehn Arbeitsjahre meines Lebens. Ich war eine Persönlichkeit geworden, an die man sich wenden konnte, sicher und gelassen – ein gestandenes Weibsbild.

Die Jahre zwischen fünfzig und sechzig waren eine sehr glückliche Zeit, zumal ich mir Beziehungen zu Männern versagte. Damit wählte ich eine Freiheit, die ich unendlich genossen habe. Jetzt meldet sich wieder etwas, das bereit wäre für mehr Nähe. Es wäre vor allen Dingen schön, noch einmal zu lieben, wirklich zu lieben. Es wäre schön, noch einmal einen männlichen Partner zu haben, der die andere Hälfte der Welt repräsentiert. Die Bedingungen werden natürlich schwieriger, weil man immer anspruchsvoller wird und nicht mehr so biegsam ist.

Damals, als ich dreißig war, mich scheiden ließ und mit dem Amerikaner zusammenlebte, war die zweite Frauenbewegung mit Alice Schwarzer im Gange, das Infragestellen des Patriarchats, die Achtundsechziger-Revolte, diese wahnsinnig aufregende Zeit. Ich war mittendrin, und das war herrlich. Und dieser Mann hat mich in dem Bestreben, mich zu emanzipieren, etwas in mir zu finden, das nur zu mir gehörte, ungeheuer bestärkt. Dafür bin ich ihm immer noch dankbar. Wir haben noch Kontakt und sind gute Freunde. Er lebt heute auf einem Bauernhof in Ungarn und sagte mir beim Abschied vor drei Jahren in München: Wann immer du mich brauchst und kommen magst, du bist jederzeit willkommen, und du kannst bleiben. Das ist einer der schönsten Liebesbeweise, die ich jemals bekommen habe.

Mein Sohn hat mir übelgenommen, dass ich seinen Vater verlassen habe, er hat das nicht verwunden. Wir waren lange Zeit gute Kumpel, bis ich ihn, als er vierundzwanzig Jahre alt war, sanft vor die Tür setzte. Ich konnte seine Lebensäußerungen nicht mehr ertragen. Ich wollte meine Ruhe, und er wollte Remmi-

demmi. Er schlüpfte bei einer Freundin unter, und wir hatten losen Kontakt zueinander. Mit achtundzwanzig steckte er bis zum Hals in Schulden und bat mich um Hilfe. Ich übernahm eine Bürgschaft bei der Bank für ihn, die dann leider fällig wurde. Seitdem habe ich ihn nicht mehr gesehen. Wenn er jetzt vor der Tür stünde, würde ich mich freuen. Es wäre wunderbar zu sehen, wie mein Sohn heute, mit vierzig Jahren, aussieht.

Unser Vater heiratete fünf Jahre nach dem Tod unserer Mutter erneut, und diese Frau erwies sich bald als die sprichwörtliche böse Stiefmutter. Wir Kinder sind alle von zu Hause weggelaufen und hatten keinen Kontakt mehr zueinander. Als der Vater starb, sahen wir uns nach langer Zeit wieder, und bald darauf wurde ein Schwesterntreffen vereinbart, das so schrecklich verlief, wie eine Katharsis wahrscheinlich verlaufen muss. Es hagelte Vorwürfe, Schuldzuweisungen, Unterstellungen, insbesondere auf mich als Älteste; es wurde geweint, gezetert und gelitten – aber wir machten weiter. Im Laufe der Jahre hat sich unser Verhältnis zueinander so glücklich entwickelt, dass wir uns zweimal im Jahr treffen, was für jede von uns ein absolutes Muss geworden ist. Wir brauchen einander und sind gern zusammen. Eine kleine verschworene Gemeinschaft – der Rest unserer Familie.

Ich liebe die Natur, ich liebe das Leben in allen seinen Erscheinungsformen. Ich gerate in ein endloses bewunderndes Staunen, wenn ich sie betrachte und etwas über sie erfahre. Ich brauche Erklärungen und Namen für die Erscheinungen; so treten sie für mich erst ins Leben. Proust sagte einmal sinngemäß: Die Welt ist an der Oberfläche sehr schnell langweilig, aber wenn man in die Tiefe geht, ist sie unauslotbar. Ich bemühe mich, in die Tiefe zu gehen, mich kundig zu machen und Zusammenhänge herzustellen. Fast täglich gehe ich denselben Weg an einem Bach entlang, durch die Jahreszeiten hindurch, und beobachte den Wechsel, das Werden und Vergehen.

Das ist meine Art von Religion. Aber das ist meine einzige, ich kann nicht an einen Schöpfergott glauben. Ich bin fest von meiner Endlichkeit überzeugt und vollkommen damit einverstanden, ich möchte nicht weiterleben oder neu geboren werden. Ich möchte verschwinden, so wie ich gekommen bin. Das Bewusstsein der Endlichkeit, und zwar der endgültigen Endlichkeit, ist für mich ein Trost. Ich verstehe die Angst vor dem Tod nicht, weil wir den Tod nicht kennen. Man kann Angst vor dem Sterben haben, das können wir nicht beeinflussen. Aber was dann kommt, geht mich nichts mehr an. Das bin ich nicht mehr. Das ist unbekannt.

Ich denke jetzt öfter über den Sinn des Lebens nach. Ich meine, dass das Leben in sich Sinn genug hat. Mein Leben hat eine Berechtigung, die Spuren, die ich hinterlasse, haben eine Berechtigung, darüber hinaus brauche ich keinen Sinn. Das Leben an sich ist der Sinn. Wir sollten uns bemühen, es sinnvoll zu gestalten, das ist eine Aufgabe. Je älter ich werde, desto begrenzter nehme ich Neues auf, das heißt, ich habe eine Art Beharrungsvermögen, was die Werte, die ich mir in meinem Leben erarbeitet habe, angeht, und ich möchte diese Werte nicht verraten. Aber ich denke, dass man sich weiter offenhalten muss für das Neue, es begreifen oder zumindest als gegeben akzeptieren. Ich möchte sterben, indem ich mir sage, es war gut, wie es war, so leidvoll es manchmal auch war, aber es ist gut gewesen; ich möchte lebenssatt sterben. Ich denke manchmal über diesen Goethe-Satz »Edel sei der Mensch, hilfreich und gut« nach. Das klingt sehr pathetisch. Aber ich möchte mich doch bemühen, ein Mensch zu bleiben und meine Möglichkeiten auszuloten. Statt eingebildeter Tugenden mir echte Tugenden zulegen, böse Ansätze in etwas anderes verwandeln, durch inneres Bemühen kompletter werden, was immer das beinhaltet.

Daniela Barnea

Jahrgang 1944, Tutorin für Hebräisch und Deutsch

Life is not measured by the breath we take but by the moments that take our breath away

Nie hätte ich gedacht, dass man sich mit über sechzig so jung fühlen kann. Ich bin heute aktiver, als ich es als junge Frau war. Natürlich habe ich jetzt mehr Zeit, meine Kinder sind erwachsen, sie leben nicht mehr zu Hause, obwohl sie noch kommen und gehen. Ich arbeite stundenweise als Tutorin für Deutsch und Hebräisch für den Schulbezirk Palo Alto in Kalifornien und treibe viel Sport. Ich bin Mitglied im Stanford Masters Swim Club, wir schwimmen jeden Tag ein bis anderthalb Stunden, ein hartes Training. Bei uns machen Leute zwischen neunzehn und fünfundneunzig mit. Ich nehme an nationalen und internationalen Wettschwimmen teil und bin mit meiner Zeit in meinem Alter unter den zehn Besten der Welt. Außerdem bin ich in anderen Sportarten aktiv, zum Beispiel Tanz – Hiphop, Samba und brasilianischer Tanz. Die meisten Teilnehmer sind natürlich viel jünger, aber ich fühle mich so fit wie alle anderen.

Wir haben hier in Palo Alto ein wunderbares College, dort belege ich Kunstkurse. Noch in Jerusalem habe ich an der berühmten Bezalel-Kunsthochschule mein Kunststudium mit dem Examen abgeschlossen. Das Künstlerische macht mir großen Spaß, außerdem lerne ich in den Kursen viele nette Leute kennen. Mein Leben ist so ausgefüllt, dass der Tag nie genug Stunden hat. Ich stehe morgens gegen sieben Uhr auf und gehe nicht vor ein Uhr schlafen.

Ich spüre, dass ich mich in einem Übergang befinde. Die drei Kinder, für die ich jahrelang gesorgt habe, sind ausgeflogen, das Nest ist plötzlich leer. Das ist noch sehr gewöhnungsbedürftig – ich möchte eigentlich noch Teil ihres Lebens sein. Meine Tochter hält mir vor, dass ich mich zu sehr um sie sorge. Wenn sie mit dem Auto unterwegs ist, bin ich unruhig, und dann sagt sie: Oh Mum, I've been already driving for five years. Ich möchte einfach wissen, wie es ihnen geht, und

sie erzählen auch, was ihnen in ihrem Leben wichtig ist. Aber verständlicherweise wollen sie bestimmte Bereiche für sich haben.

Meine Eltern sind als deutsche Juden 1935 nach Israel ausgewandert, das damals noch Palästina hieß. Mein Vater war in Deutschland Arzt gewesen und hatte in Freiburg und München Medizin studiert. Er reiste später zu Kongressen nach Deutschland, und eine seiner Schwestern lebt in Bonn. Für meine Mutter war die Hitlerzeit grauenvoll, darum ist sie nie wieder nach Deutschland gereist. Sie hatte ihre Eltern und ihren Bruder verloren. Aber auch in Israel war für sie das Leben nicht leicht. Der Sechstagekrieg brachte die schrecklichen Erinnerungen zurück.

Ich bin in Jerusalem geboren. Israel ist kein Land, in dem man eine leichte Kindheit verlebt. Es gibt viele politische Probleme. Dennoch hatte ich eine wunderschöne Kindheit, weil die Eltern uns abschirmten. Wir sprachen zu Hause Deutsch. Meine Eltern hatten zwar Hebräisch gelernt, sprachen es aber nicht fehlerfrei und wollten mir wohl nichts Falsches beibringen. Für mich war es wunderbar, weil ich im Kindergarten sowieso Hebräisch lernte. Jerusalem ist eine einzigartige Stadt. Alle Häuser sind aus dem gleichen Stein gebaut, dem Stein der Umgebung. Wir hatten Araber als Nachbarn und auch arabische Freunde. Später sind sie nach Bethlehem ausgewandert, und wir haben viele Jahre nichts von ihnen gehört.

Der Sechstagekrieg war 1967, da war ich dreiundzwanzig Jahre alt. Er war äußerst beängstigend für mich und bildet einen starken Einschnitt in meinem Leben. Der Krieg war sehr nah, man spürte die Bedrohung überall. Auch unser Haus wurde von einer Bombe getroffen, aber wir hielten uns glücklicherweise gerade in einem anderen Teil des Hauses auf, und niemandem ist etwas passiert. An diesen Tagen fuhren keine Busse, weil die Fahrer zum Militär mussten. Leute, die mit dem Auto fuhren, stoppten an den Haltestellen und nahmen Fremde mit, wenn sie denselben Weg hatten. Ich half in einer Schule als Lehrerin aus, weil viele von den Lehrern eingezogen worden waren.

Rings um Jerusalem gibt es viele kleine arabische Dörfer, man hatte jahrelang ganz friedlich miteinander gelebt, und plötzlich befand man sich in einem Krieg. Das war für mich schwer zu verstehen. Warum ist das Leben so kompliziert? Es ist so kurz und eigentlich so schön. Es gibt aber hoffnungsvolle Ansätze in Israel, wie die kleine Stadt Neve Shalom – Oase des Friedens. Dort leben Araber und jüdische Familien zusammen. Die Kinder gehen gemeinsam zur Schule, sie arbeiten zusammen, sie feiern alle Feste zusammen. Das ist ein schönes Beispiel für die Welt um uns herum. Israel ist ganz klein und hat sieben arabische Nachbarländer. Jedes Land hat seine eigene Schönheit, aber leider können wir sie nicht durch eigenes Erleben genießen.

Die Entscheidung, nach Amerika zu gehen, fiel mir dennoch sehr schwer, ich fühlte mich hin- und hergerissen. Die Familie, die Eltern, der Bruder in Israel, und

wenn ich dann Kinder habe und sie nicht in Israel aufwachsen, ist das gut, ist das nicht gut? Eigentlich bin ich noch immer zerrissen. Ich habe noch meinen israelischen Pass, und es fiel mir schwer, die amerikanische Staatsbürgerschaft zu beantragen, ich habe sie erst vor zwei Jahren bekommen. Ich fühle mich sehr stark mit dem Land meiner Jugend und der Tradition, in der ich aufgewachsen bin, verbunden. Das hat mich geprägt und hat mich zu der gemacht, die ich bin. Ich lebe hier, aber ich fühle mich nicht als echte Amerikanerin. Meine Kinder sind natürlich Amerikaner. Aber die Kinder von vielen meiner Freunde gehen zurück und leben in Israel. Jetzt als Mutter sehe ich, wie schwer es für meine Mutter gewesen sein muss, als ich wegging.

Ich kam Anfang der siebziger Jahre mit meinem ersten Mann nach Kalifornien. Er studierte in Berkeley, und wir lebten dort sechs Jahre, dann gingen wir nach Israel zurück. Doch das Leben hier in Kalifornien ohne die tägliche schreckliche Angst war so viel freier gewesen. Ich wollte meine Kinder nicht in einer Atmosphäre der Angst großziehen, und nachdem mein Mann und ich uns getrennt hatten, ging ich zurück nach Kalifornien. Hier habe ich bald Steve, meinen zweiten Mann, kennengelernt. Aber ich habe immer eine enge Verbindung nach Israel behalten. Mein Bruder und seine Familie leben dort, und ich habe Freunde aus meiner frühen Kindheit, mit denen ich noch immer in Kontakt bin. Wenn ich zu Besuch komme, treffe ich sie alle, und es ist, als ob ich nie weggewesen wäre. Das ist wunderbar. Der Anfang hier war schwer. Ich vermisste meine Freunde in Israel, aber dann klingelte plötzlich immer wieder das Telefon: Ich bin beruflich hier, kann ich euch sehen? Sehr viele sind im Laufe der Jahre gekommen, um uns zu besuchen.

Ich bin nicht orthodox, aber in der jüdischen Tradition aufgewachsen. Wir haben alle jüdischen Feste zusammen gefeiert, und als Kind bin ich mit meinem Vater in die Synagoge gegangen. Da in Israel jeder diese Feste feiert, fühlt man sich in einer großen Gemeinschaft verbunden. An Jom Kippur sind alle Läden geschlossen, niemand fährt mit dem Auto. Es ist ganz ruhig, und die Atmosphäre ist wirklich die eines heiligen Tages. Obwohl wir in Palo Alto die jüdischen Feiertage auch feiern, ist es doch sehr anders, weil das allgemeine Leben weitergeht; die Läden sind geöffnet, auf den Straßen fließt der Verkehr wie immer. Diese besondere Atmosphäre fehlt mir ein wenig. Wir haben hier eine sehr große israelische Gemeinde. Viele Israelis kommen für ein, zwei oder drei Jahre, manche der Hightech wegen, andere haben eine Firma in Israel und wollen hier in den USA etwas aufbauen. Oder Leute, die hier studiert haben, bleiben erst einmal hier, bevor sie nach Israel zurückgehen. Wir haben Läden mit Lebensmitteln aus Israel, und man trifft sich ein-, zweimal in der Woche, um israelische Tänze zu tanzen. Manchmal veranstalten wir einen Singing Evening, einer spielt Klavier, und wir singen die hebräischen Gesänge, mit denen wir aufgewachsen sind. Es werden auch israelische Vorträge veranstaltet. So können die vielen hier lebenden Israelis die Kultur ihrer fernen Heimat weiterleben.

Ich bin stark mit der israelischen Tradition verbunden, ich fühle mich in ihr geborgen und habe versucht, sie an meine Kinder weiterzugeben. Alle drei sprechen Hebräisch. Mishkie hat nach der Hochschule ein Jahr in Israel gelebt, bevor sie zum Studium nach Washington D. C. gegangen ist. Shelley hat ein Semester an der Uni in Jerusalem studiert, und alle drei, auch mein Sohn Jonathan, verbrachten einen Sommer dort, um andere Israelis kennenzulernen. Sie haben gute Verbindungen nach Israel. Mein Mann Steve, der hier aufgewachsen ist, wollte nicht, dass meine Tochter nach Israel zum Studium ging. Er hatte Angst, dass sie ganz dort bleiben würde. Jetzt ist sie erwachsen und kann ihre eigenen Entscheidungen treffen. Ich denke, sie wird ihren Weg finden.

Ich wollte auch berufstätig sein – wie Steve, der ein Geschäft für Herrenbekleidung hat, das in dritter Generation im Besitz seiner Familie ist – und wurde Tutorin für Deutsch und Hebräisch. Ich konnte arbeiten, wenn die Kinder in der Schule waren, und hatte Ferien, wenn sie Ferien hatten. Der Schuldistrikt von Palo Alto ist ein sehr besonderer. Hier ist die große Stanford-Universität, und viele Ausländer kommen als Professoren für ein oder zwei Jahre. Meine Aufgabe besteht darin, es den Eltern und Kindern etwas leichter zu machen, wenn sie keine Englischkenntnisse mitbringen. Ich sitze mit den Kindern in der Klasse und vermittle ihnen, was die Lehrerin will und was sie tun sollen. Ich habe auch Kontakt zu den Eltern, und wenn sie es wollen, helfe ich nach der Schule auch privat ein bisschen. Dadurch lerne ich viele Familien kennen, aus Südafrika, China und Japan. Ich habe auch ein paar deutsche Freundinnen, deren Männer hier gearbeitet haben. Wir sind noch immer in Kontakt. Manchmal entwickelt sich eine Freundschaft, die über das Berufliche hinausgeht. Wir behalten guten Kontakt, und wenn ich nach Israel komme, dann treffe ich sie.

Kürzlich ist etwas ganz Neues in mein Leben getreten: Ich wurde als Model für eine Dove-Kampagne ausgesucht. Ich hatte zufällig gehört, dass Dove eine Kampagne für ein neues Produkt für Frauen zwischen fünfzig und siebzig plante, und dachte mir: Ich kann mich doch im Badeanzug hinstellen und ein Produkt in der Hand halten. Ich musste mit einer Casting-Firma Kontakt aufnehmen und bekam einen Fototermin, aber als ich erfuhr, dass ich in weißer Unterwäsche fotografiert werden sollte, gefiel mir das gar nicht, und ich sagte ab – einmal, zweimal. Aber sie ließen nicht locker, und so dachte ich schließlich: Vielleicht sollte ich doch gehen.

Das zweite Shooting verpasste ich wegen einer Reise, aber als ich wieder da war, hieß es: Herzlichen Glückwunsch, Sie sind auch ohne das zweite Shooting für das Dove-Shooting in New York ausgesucht worden. Eine Casting Company organisierte alles, einen Erste-Klasse-Flug, ein super Hotel, alles war ungewohnt und sehr aufregend. Ich wurde mit einer Limousine zum Studio von Richard Avedon gebracht, das war ein großartiger Fotograf, der 2004 gestorben ist. Dann kam die große Überraschung, denn die Fotografin, die uns fotografierte, war Annie Leibovitz. Es war fantastisch. Alle waren sehr nett: What would you like to drink? Ich bekam ein Top, einen Bademantel, und dann hat sie ein wenig von hier und von da fotografiert. Schließlich hat sie gefragt, ob ich doch alles ausziehen könnte. Ich fühlte mich sehr gut, ich schwimme, ich dusche jeden Tag mit zwanzig, dreißig Frauen, ich hatte kein Problem damit. Alles war sehr professionell, und wenn man die Pose geändert hat, hielt eine Assistentin sehr dezent den Bademantel.

Dann vergingen acht, neun Monate, bis eines Tages eine große Schachtel ankam, darauf stand »Careful, mirror«. Ich öffnete und sah das Bild von mir, ganz groß, wie ein Poster. Und am nächsten Tag kam ein Brief, in dem stand, dass ich eine von vier Frauen sei, die ausgewählt wurden. Ich konnte es gar nicht

glauben: aus der ganzen Welt, ich eine von vieren! Sie hätten schöne Frauen haben können, aber sie wollten keine Profis, sie wollten normale Frauen. Und ich war dabei. Zuerst flogen wir zu einem Medientraining nach New York. Dann waren wir bei Oprah Winfrey, der berühmten Fernseh-Persönlichkeit, sie hat die Kampagne in den USA präsentiert. Wir waren alle da, und sie hat uns interviewt. Das sah man in der ganzen Welt! Dann war ich in San Diego, in Atlanta, überall wurde die Dove-Präsentation über Frauen, die keine Models sind, gemacht. Ich habe mich sehr besonders gefühlt. Es ist auch eine schöne Kampagne mit guten Produkten eigens für ältere Frauen.

Ich habe meine Falten nicht so wahnsinnig gerne, aber ich akzeptiere sie. Sie sind ja nicht an einem Tag gekommen, und viele sind durch Lachen entstanden, ich habe sie mir also verdient. Ich lasse mich nicht liften und färbe mir auch nicht die Haare. Es kann wunderschön aussehen, wenn man älter ist und das Haar grau. Jedes Alter hat seine eigene Schönheit. Ich fühle mich sehr gut, jetzt sogar besser als vor fünfzehn, zwanzig Jahren.

Ich empfinde es so, als stünde ich in meinem Leben eigentlich noch am Anfang, ich kann das Ende nicht sehen oder will es nicht sehen. Es gibt so viel, was ich noch machen will: vor allem Kunst, verschiedene Sachen ausprobieren, an Orte der Welt reisen, die ich noch nicht gesehen habe. Ich will erleben, dass meine Kinder heiraten, und Enkelkinder haben. Wir leben hier in einer Umgebung, wo Leute sehr viel besitzen, große Häuser und neue Autos. Ich habe zwar nur ein kleines Haus, aber ich besitze mehr als viele andere. Ich bin glücklich mit dem, was ich habe, und ich will andere unterstützen, die nicht so glücklich sind. Meine Töchter haben Soziologie studiert, und beide wollen bei Non-

Profit-Organisationen arbeiten, um anderen zu helfen. Ich glaube, sie haben bei mir gesehen, dass man im Kleinen helfen kann, und nun wollen sie die Welt in Rahmen ihrer Möglichkeiten verbessern.

Mir ist wichtig, in gutem Einvernehmen mit der Familie zu sein und mit guten Freunden friedfertig zu leben. Dadurch entsteht eine starke Basis. Steve ist weniger gerne unterwegs als ich, aber er begleitet mich auch mal, und wir haben schon wunderbare Reisen unternommen. Wir tolerieren die Vorlieben des anderen, jeder braucht seine Welt, um sich auszudrücken. Ich kann mich stundenlang mit Kunst oder Sport amüsieren oder mit einer Freundin im Café sitzen. Steve sieht gerne fern und geht mit seinen Freunden ein paar Mal im Jahr angeln. Jeder macht seine Sachen, und doch haben wir es gut zusammen.

Monika Beck

Jahrgang 1941, Staatssekretärin a. D., Kulturberaterin

*In Frankreich lernte ich die Bedeutung
des Sittlichen, nicht nur für die eigene
Lebensführung, sondern für den Geist*

Friedrich Sieburg

Von Kindheit an habe ich ein Gefühl von Urvertrauen, obwohl ich im Krieg schon
als kleines Mädchen viele Nächte im Bunker verbrachte und große Angst aushalten musste. Ich habe heute noch ganz starke Erinnerungen an die Angst, die
da herrschte. Ich sehe noch das Licht, dieses fahle Licht an den Decken, ich
kann mir den Geruch vergegenwärtigen. Aber das Gefühl der Geborgenheit,
das mir mitgegeben wurde, hat dazu geführt, dass ich Angst und Schwierigkeiten bewältigen kann und trotz allem ein glücklicher Mensch bin. Natürlich bin
ich manchmal traurig und verzweifelt, dennoch bleibt als Grundgefühl Wohl-
befinden und Freude am Leben.

*Wenn ich zurückblicke, glaube ich, dass eines der Geheimnisse meines glücklichen
Lebens ist, dass ich loslassen kann.* Ich konnte meine Kinder loslassen, ich konnte
meinen Mann loslassen, ich konnte, als ich in die Politik ging, meine wunderbare Tätigkeit in der Galerie loslassen. Ich habe nie voll Zweifel, Enttäuschung
oder Trauer zurückgedacht, hättest du das nicht machen sollen? Nein. Ich habe
auch selbst entschieden, aus der Politik auszuscheiden. Ich habe diese Phase
abgeschlossen und wende mich gerne etwas Neuem zu. Jetzt bin ich wieder in
den Kulturbereich zurückgekehrt und habe mit zwei Freunden eine Firma für
Kulturberatung gegründet.

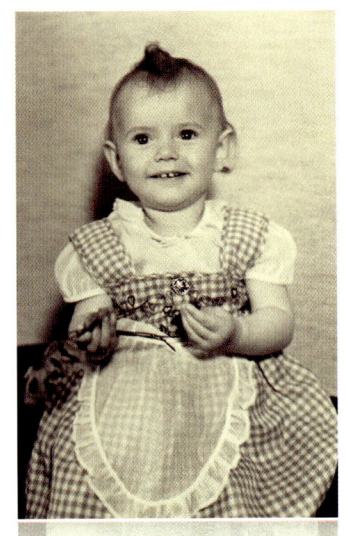

Mein Urvertrauen hat sicher auch damit zu tun, dass ich ein gläubiger Mensch bin. Ich bin katholisch, und im katholischen Glauben gibt es diese vielleicht nicht kirchliche, aber doch sehr menschliche Einstellung, die sich auf Jesus Christus bezieht: Sie dürfen Fehler machen, dürfen sündigen, etwas pathetisch ausgedrückt, aber Sie fühlen sich immer aufgehoben. Kein strafender Gott steht vor Ihnen, sondern ein Gott, der Sie mit Barmherzigkeit annimmt. In schwierigen Phasen, wenn ich verzweifelt war, hat mir dieser Glaube Hoffnung und Halt gegeben.

Ich hatte eine sehr zärtliche Mutter, aber für den Haushalt und für ständige Präsenz sorgte die Schwester meines Vaters, meine Tante, ein wunderbarer einfacher Mensch, der ganz für uns da war. Ich war das jüngste von vier Mädchen. Wir wohnten in Ludwigshafen, das wegen der BASF und anderer Industriebetriebe mehrmals ausgebombt wurde. Auch wir mussten öfter die Wohnung wechseln und wurden schließlich nach Bad Dürkheim evakuiert. Es gab dort ein großes Rot-Kreuz-Lazarett, in das die Nazis Truppen verlegten, und nach einem missachteten Ultimatum der Amerikaner wurde Bad Dürkheim dem Erdboden gleichgemacht. Da bin ich mit meiner Mutter an der Hand, ein Rucksäckchen auf dem Rücken, durch die brennenden Straßen zum Bunker gelaufen. Mein Vater war Zentrumsmann und Redakteur einer Ludwigshafener Zeitung. Als sie gleichgeschaltet wurde, weigerte er sich, in die NSDAP einzutreten, und wurde fristlos entlassen. Im Krieg war er Pressechef bei Generalfeldmarschall von Witzleben in Paris. Er war auch über den Zwanzigsten Juli informiert. Er wurde verhört, aber ihm konnte nichts nachgewiesen werden. Nach dem Krieg wurde er Oberregierungspräsident der französisch besetzten Zone, die damals Hessen-Pfalz hieß. Der Regierungssitz war Neustadt an der Weinstraße. Dort habe ich meine Jugend verbracht.

Mein Vater hat sich besonders mir gewidmet und erschloss mir die Welt der Kunstgeschichte. Er war eigentlich Volkswirtschaftler und Jurist, aber er malte auch. Er sprach perfekt Französisch und war sehr frankophil. Es war politisch eine schwierige Zeit, die ihn viel Kraft gekostet hat. Meine Mutter hat ihn immer begleitet, so dass der stabile Faktor zu Hause hauptsächlich meine Tante war.

Als ich vierzehn war, starb mein Vater mit sechsundfünfzig Jahren an einem Herzinfarkt. Seinen Tod habe ich unmittelbar miterlebt, weil meine Mutter den Arzt holen musste und ich bei ihm blieb. Nach dem Tod meines Vaters ging meine Mutter selbst in die Politik und arbeitete in der CDU. Ich besuchte, was damals ungewöhnlich war, nicht die Mädchenschule, sondern das humanistische Gymnasium. Wir waren nur drei Mädchen in der Klasse. Dort habe ich Abitur gemacht.

Kurz vorher hatte ich meinen Mann kennengelernt. Als er mit der Referendarzeit fertig war, wurde er nach Zweibrücken versetzt. Dort habe ich dann die Galerie aufgebaut, zunächst in unserem Wohnhaus. Das war abenteuerlich, das Haus platzte aus allen Nähten. Also haben wir nach etwas Neuem gesucht, möglichst mit Autobahnanschluss, weil wir sehr viele Besucher von außerhalb in der Galerie hatten, und fanden in Schwarzenacker dieses alte Gehöft von 1702. Es heißt Schwedenhof, weil Karl XII., König von Schweden, es hat bauen lassen. Ein einfaches Barockgehöft, aber sehr schön. Mein Mann wurde nach Homburg in den Schuldienst versetzt. Von da an waren wir Saarländer, und mit dem Schwedenhof habe ich meinen Lebensort gefunden, das, was man Heimat nennt.

Viele Jahre war ich voll in der politischen Verantwortung, und zwar in einer sehr spannenden Phase. Ich wurde gefragt, ob ich kandidieren wollte, und kam 1990 als typische Quotenfrau in den Landtag. Unser Spitzenkandidat war

damals Klaus Töpfer, und er suchte eine Frau für die Landesliste, die in der saarländischen Region bekannt war. Ich wurde gefragt, weil ich persönliche Kontakte und Freundschaften mit Mandatsträgern und Funktionsträgerinnen hatte. Ich wurde quasi aus dem Stand heraus Landtagsabgeordnete und musste mich nicht in der Partei hochdienen, was Vor- und Nachteile hat. Zunächst war Töpfer Vorsitzender der CDU, dann ging der Vorsitz an Peter Müller über. Das war die Phase der entscheidenden letzten Jahre vor dem Regierungswechsel 1999. Daran haben wir sehr intensiv gearbeitet. Wir wollten den Wechsel, aber haben uns auch Gedanken gemacht, warum wir ihn und was wir anders machen wollten. Wir konnten 1999 dann tatsächlich den Regierungswechsel im Saarland herbeiführen, den niemand erwartet hatte. Man hatte ja durch Herrn Lafontaine den Eindruck, dass dieses Land, das Saarland, der SPD gehörte.

Im Oktober 1999 bin ich als Staatssekretärin und Bevollmächtigte des Saarlandes nach Bonn gegangen, habe alles sehr schnell abgewickelt, und am 1. Januar 2000 waren wir, die gesamte Vertretung, schon in Berlin. Das war natürlich eine spannende Zeit, denn Berlin war nicht Bonn. Alles musste neu aufgebaut werden. Wir kamen in diese Großstadt, die, anders als Bonn, ja nicht von den Behörden, den Einrichtungen, den Ministerien geprägt war, und mussten in dieser föderalen Republik unseren Platz finden. Das Saarland ist ein kleines und armes Land, und ich musste mir Gedanken machen, wie ich es dort würde etablieren können – dass es bescheiden auftrat, aber erkennbar wurde. Diese letzten zehn Jahre, dieser Neubeginn in Berlin, als ich alles, ganz allein auf mich gestellt, entscheiden musste, waren also eine Phase des Kampfes um eine Gestaltungsmehrheit in der Politik. Ich unterstand nur der Richtlinienkompetenz des Ministerpräsidenten. Ich hatte allerdings – die Behörde ist nicht groß – nur fünfundzwanzig Mitarbeiterinnen und Mitarbeiter. Ich wollte keine Behörde leiten – sie war wie meine Großfamilie –, sondern habe diese kleine Ländervertretung zu einem Dienstleistungsunternehmen umgebaut. Ich hatte von morgens bis in die Nacht Termine, war eingetaktet, immens fleißig, immer gesellig. Ich hatte fast jeden Abend eine Veranstaltung, entweder außerhalb oder in der eigenen Vertretung. In den letzten Jahren habe ich bemerkt, dass ich den Samstag zur Regenerierung brauchte. Ich spürte das Älterwerden. Und nach siebzehn Jahren habe ich dann mit der Politik abgeschlossen.

Der Tod meines Vaters war eine starke Zäsur in meinem Leben, wie ich heute erkenne. Mir wurde durch ihn, seit ich zehn oder elf war, eine neue Welt eröffnet, ich habe die Literatur durch ihn entdeckt, auch mit ihr verbundene Geisteshaltungen, die neue Geschichte, die Geschichte der Nazizeit, die mich sehr geprägt hat. Ich engagiere mich noch heute sehr stark für die Dichter der verbrannten Bücher. Ich habe viele jüdische Freunde. Meine Schulbildung

ist mir bis heute wertvoll, diese humanistische Ausbildung, Griechisch und Latein, weil sie gleichzeitig Philosophieunterricht war. Gleich danach die Hochzeit mit neunzehn Jahren, mit einundzwanzig habe ich dann das erste Kind bekommen, auch eine wichtige Zäsur, und nach zwei Jahren wollte ich noch eines. Die nächste einschneidende Veränderung war, als ich mein viertes Kind erwartete, die Gründung der Galerie und des Verlages, ein Verlag für zeitgenössische Bibliophilie. Wir hatten Mappen mit Literatur und bildender Kunst, jeweils zwei Künstler zusammengespannt, wobei es dann in einer Person kulminierte, in Günter Grass, der beides beherrscht. Dann kam der Einstieg in die Politik. Da war ich fast fünfzig. Den Abschied von der Politik würde ich nicht als Zäsur bezeichnen. Es ist ein Übergang in ein viel freieres, ein kontemplatives Leben mit der Möglichkeit, etwas zu tun, aber nicht tun zu müssen.

Aufgewachsen bin ich mit drei älteren Schwestern; wir sind jeweils fünf Jahre auseinander. Meine älteste Schwester war wie eine zweite Mutter für mich, sie war schon fünfzehn, als ich zur Welt kam. Als wir jung waren, gab es zwar auch Streit zwischen uns, aber doch überwiegend Gemeinsamkeit. Unsere Familie war ein sehr natürliches weibliches Nest voller Geborgenheit für mich. Mein Vater war der einzige Mann, der natürlich immer davon träumte, seine Töchter würden nie heiraten und alle bei ihm bleiben. Ich kannte als Kind keine körperliche Gewalt. Ich war ein sehr liebes, angepasstes Kind und als junge Frau eher schüchtern. Und mein Vater verkörperte für mich in diesem Jungmädchenalter die Entdeckung der geistigen Welt.

Dann erlebte ich die Ehe mit einem Mann, der auch ein kreativer Mensch ist, wenn auch sehr unbeständig. Er ist ausgebildeter Sänger und hat viele Liederabende gegeben. Als die Kinder klein waren, war er ein hervorragender Vater. Mit den großen Kindern wurde es dann schwieriger. Aber auch unsere Trennung führte nicht zum Bruch der Kinder mit ihrem Vater. Mein Mann und ich haben keinen Streit mehr; wenn etwas zu besprechen ist und bei Familienfeiern ist er selbstverständlich dabei, aber ich habe keinerlei Emotionen mehr für ihn und kann mir heute gar nicht mehr vorstellen, sechs Kinder mit ihm zu haben. Zwischen meinen Kindern besteht ein großer Zusammenhalt, ein großes Sich-aufeinander-verlassen-Können, auch mit den angeheirateten Kindern.

Eine besondere Qualität hat die Beziehung zu meinen Töchtern. Ich bin immer sehr gerne mit Frauen zusammen gewesen. Peter Müller hat einmal gesagt, wo du bist, gibt es irgendwann innerhalb kürzester Zeit ein ganzes Nest von dir. Ich hatte nämlich diejenigen Männer, die dafür zuständig waren, so beeinflusst, dass wir in der zweiten Legislaturperiode einen Frauenanteil von vierzig Prozent hatten. Ich bin sehr gerne mit Menschen zusammen, die mir überlegen sind. Ich genieße das. Ich habe einen praktischen Verstand, konnte nie studieren, heute sage ich, dummerweise. Aber ich habe diese Biografie gewählt. Durch die Galerie- und Verlagstätigkeit war ich zwar an den Ort gebunden, aber sie kamen alle zu mir. Und das hat auch die Kinder sehr geprägt. Sie sagen heute: Du weißt gar nicht, was du uns geschenkt hast. Obwohl sie natürlich oft zurückstehen und, wenn Vernissage war, mithelfen mussten. Andererseits sind sie natürlich Menschen begegnet, denen sie in einer normalen Familie nicht begegnet wären. Wenn Sie sechs Kinder großziehen müssen und in einer Galerie mit Künstlern zu tun haben, dann müssen Sie resolut und entschlussfähig sein, sonst überleben Sie nicht. Das hat mir sicher auch in der Politik geholfen. Ich wurde typischerweise häufiger von Frauen gefragt: Wie machen Sie das nur – sechs Kinder und die Galerie? Dieses »und« sollte heißen: Kümmere dich doch bitte um deine Kinder. Das hat mich sehr verletzt, aber irgendwann hatte ich es dann verarbeitet. Dann habe ich geantwortet: Wissen Sie, ganz einfach. Der Haushalt ist verlottert, und die Kinder sind asozial. Damit war die Sache erledigt. Diese Frage wurde mir im Saarland nie mehr gestellt.

Durch so viele Schwangerschaften verändert sich der Körper. Problematisch wurde es, als ich nach den Wechseljahren an Pfunden zulegte. Das war in der poli-

tischen Zeit, als ich keine Bewegung, auch keine Zeit dafür hatte, auch zu bequem, zu müde war. Jetzt habe ich, nachdem ich ein Jahr lang zu Hause war und mich ausruhen konnte, wieder Energie und besuche seit drei Monaten zweimal pro Woche ein Fitness-Studio. Ich muss zehn Kilo abnehmen, das ist furchtbar. Ich hatte eigentlich mit meinem Äußeren nie Probleme. Ich war nie eine große Schönheit, aber das hat meine Attraktivität nie geschmälert. Inzwischen führt die Erkenntnis, dass Sie für das männliche Geschlecht nicht mehr attraktiv sind, zu einer neuen Freiheit. Aber die Nähe zu einem Menschen ist auch im Alter absolut wunderbar. Ich meine nicht die Sexualität. Ich habe keine Sexualität mehr, ich lebe allein. Ich kenne viele Männer, die mich sehr mögen und das Gespräch mit mir suchen. Es ist aber nicht so, dass das die Frauen stört.

Der Sinn des Lebens ist das Leben selbst. Das ist für mich unerschütterlich, darüber brauche ich nicht nachzudenken. Der Mensch ist geschaffen, um zu leben. Dass er für sein Tun, das ihm in einem gewissen Rahmen freigestellt ist, auch Verantwortung übernehmen muss, gehört für mich dazu. Ich habe nie in komfortablen finanziellen Verhältnissen gelebt, im Gegenteil durch die Trennung von meinem Mann sogar Phasen großer Existenznöte durchlitten. Ich schätze eine gewisse Art von Luxus, ich kann ihn genießen, aber ich brauche ihn nicht unbedingt. Was ich allerdings brauche, ist Kultur: Kunst, Literatur, Musik. Das ist für mich wie Essen und Trinken. Und nur weil ich das schon mit in die Politik eingebracht habe, ist es mir auch erhalten geblieben. Wenn ein junger Mensch in die Politik geht und nur die Politik kennt, hat er keine Zeit mehr, sich mit diesen Dingen zu beschäftigen. Ich habe im letzten Jahr voller Genuss den ganzen Thomas Mann gelesen, von A bis Z, von »Tonio Kröger« bis zu »Doktor Faustus«. Es ist wunderbar, wenn Sie ein Buch anfangen und es ganz durchlesen können.

Das Ziel des Lebens ist der Tod, natürlich. Wenn Sie gläubig sind, und ich glaube. Da wir wissen, dass materielle Substanz auf dieser Welt nicht verlorengeht, warum gibt es dann Menschen, die annehmen, dass die geistige, seelische Substanz, die ja jeder, der sie hat, um ein Vielfaches höher einschätzt, verlorengeht? Ich glaube an ein Leben nach dem Tode. Ich habe meinen Schwiegervater in den Tod begleitet, der als alter Mann starb. Es besteht ein Unterschied, ob Sie als junger Mensch, wie mein Vater, sterben oder als alter. Seit dieser Erfahrung habe ich vor dem Sterben nicht mehr so viel Angst, denn bei meinem Schwiegervater habe ich erlebt, dass das Sterben wie eine Geburt ist. Harte, harte Arbeit, aber sie muss nicht unbedingt mit Angst verbunden sein.

In meinem Alter ist der Tod nahegerückt. Es können noch zwanzig, fünfundzwanzig Jahre vor mir liegen, vielleicht aber auch nur noch drei oder vier. Deshalb lebe ich bewusster und bin nicht mehr so leicht bereit, unwesentliche Dinge zuzulassen. Ich muss nicht immer parat sein und mich jedem zuwenden, diese Freiheit kann ich mir im Alter nehmen. Und die Augenblicke erfüllter Zeit genieße ich jetzt viel bewusster, als ich es früher getan habe. Auch das Zusammensein mit meinen Kindern und Enkelkindern ist anders, als es früher war, als ich noch mit tausend anderen Dingen beschäftigt war. Noch ein Vorteil, den das Alter bietet, ist, dass man der nachfolgenden Generation vermitteln kann, was im Leben wichtig und was vielleicht nicht so wichtig ist. Dieses Vorbild hoffe ich meinen Enkelkindern zu sein. Ich kann ihnen meine Geschichte – das, was ich weiß, was ich gelebt habe – und von meinen Vorfahren erzählen, damit sie wissen, wo ihre Wurzeln sind. Und wenn sie zu mir nach Schwarzenacker kommen, dann werden sie sich daran erinnern. Als ich vor kurzem meinen Sohn in Wien besuchte, sagte er zum ersten Mal: »Mama, wir müssen uns unbedingt Gedanken machen, wie wir den Schwedenhof auch nach deinem Tod für uns alle erhalten können.« Obwohl er in Schwarzenacker nie mehr ständig leben wird. Da war ich sehr glücklich.

Geist und Seele sind sicher etwas, was der Mensch ausbilden und ausprägen muss. Und wenn er sich diesem Bereich zuneigt, wächst er innerlich automatisch. Das geschieht unbemerkt. Wenn Sie sich mit Kunst beschäftigen, mit der Sinnlichkeit, die die Kunst an sich hat, passiert etwas mit Ihnen. Ich glaube, dass das Geistige oder Spirituelle das Wichtigste ist, was einem im Leben begegnen kann.

Senta Berger

Jahrgang 1941, Schauspielerin, Autorin

Was ist wichtig? – Menschen sind wichtig.

Mein Leben hat sich in den letzten Jahren völlig verändert. Seit dem Tod meiner Mutter vor sieben Jahren ist nichts mehr so, wie es einmal war. Ich bin keine Tochter mehr. Nun ist niemand mehr da, der mich von Geburt an kennt. Niemand, der zu mir »mein liebes Kind« sagt. Das ist schmerzlich. Aber so ist das Leben.

Seit dem Tod meiner Mutter denke ich auch an mein eigenes Altwerden. Mir kommen Worte wie »unausweichlich« und »unabwendbar« in den Sinn, wenn ich daran denke. Früher habe ich sehr bewusst in der Gegenwart gelebt. Ich bin kein besonders konzeptionell denkender Mensch. Mein Lebensmotto, nach dem ich versucht habe zu leben, war: Ich werde die Brücke überschreiten, wenn ich vor ihr stehe.

Nun, in meinem Alter – »in meinem Alter«, wie das schon klingt! Niemals hätte ich gedacht, dass ich solche Worte auf mich anwenden würde – nun aber, in meinem Alter, entwickle ich Konzepte. Mir war immer klar, dass diese Art von konzeptioneller Lebensplanung immer auch ein Versuch ist, das Leben in eine Form zu bringen, in eine überschaubare Form, ein Versuch, die Ängste zu zähmen. Ein vergeblicher Versuch – natürlich. Was kümmert sich das Leben, das Schicksal um deine Konzepte!

Ich lebe in einem Zustand großer Veränderung. Seelischer und körperlicher Veränderung. Über beide tiefgreifenden Veränderungen staune ich. Manches Mal ist mir diese Frau, die ich sein soll, ihr Körper, ihre Haut, ihr Wissen, ihre Sprache vollkommen fremd. Wie ist das gekommen, Senta?, frage ich mich. Wie kann das denn sein? Du bist doch immer noch das Mädel aus der Vorstadt, das in die Welt ausgezogen ist, ohne das Fürchten zu lernen. Wo hast du dein

Schulmädchenkichern gelassen und deine Zöpfe? Diese Frage ist eine uralte Frage, ich weiß. Und niemand wird sie beantworten. Das tröstet.

Ich habe Glück. Ich war ein Glückskind und bin es immer noch. Ich habe die sogenannten schlechten Zeiten erlebt. Niemand hatte etwas. Wir waren alle gleich. Gut, mehr oder weniger gleich. Alle erst einmal gleichgestellt. Ich habe die Armut meiner Familie nie als Armut empfunden. Ich war so reich! Jedes Stückchen Schokolade ein Geschenk! Jedes Paar durchsichtiger Strümpfe Privileg, Luxus! Und dann die Zeit, die Aufmerksamkeit, die meine Eltern mir schenkten. Ich zehre heute noch davon. Meine Zuwendung zum Leben, meine Neugier auf Menschen, mein Vertrauen in Menschen – dies alles ist auf dem Fundament meiner ungebrochen schönen Kindheit gebaut und gewachsen.

Mein Mann ist ähnlich aufgehoben in seiner Familie und doch ganz anders aufgewachsen, in einem großbürgerlichen, wohlgestellten Haushalt. Es gab ein Haus, ein Auto. Wie uninteressant das alles für meine Schwiegerfamilie war! Ja, es war da – und man hatte dafür schwer gearbeitet, ja! Aber es bedeutete wenig. Von meinen Schwiegereltern, von meinem Mann habe ich gelernt – gelernt, ohne es zu wissen –, wie wichtig es ist, seine Reichtümer im Kopf zu haben, den Schlüssel zu der Wohnung in den Fluss hinter sich werfen und gehen zu können. Aufzubrechen. Das Leben hält das nächste Kapitel für dich bereit. Geh nur!

Aber nun – in meinem Alter, wie gesagt – weiß ich auch, dass das nächste Aufbrechen – und ich denke da auch an einen möglichen Ortswechsel –, dass unser nächstes Kapitel auch das letzte sein wird. Unkorrigierbar. Das klingt unnötig dramatisch. Ich hänge an unserem großen, alten Haus und dem großen, alten Garten. Aber ich weiß nicht, ob diese Art zu leben für unsere Zukunft, für die nächsten zehn, fünfzehn, vielleicht zwanzig Jahre die richtige sein wird. Sollen wir uns verkleinern? Praktisch denken? Diese Gedanken mache ich mir – und dass die Jahre so verfliegen, die Zeit rast.

Ich arbeite. Ich werde in meiner Familie gebraucht. Ich sitze in Straßencafés oder nachts vor einem Berliner Restaurant. Ich trinke Wein, ich flirte, mir wird ein bisschen kalt – jemand legt mir sein Sakko über die Schultern. Es ist wunderbar. Es ist wie früher. Es ist wie immer. Aber natürlich ist nichts wie immer. Ich bin der Siebzig näher als der Sechzig. Ich verfalle dann in eine Art von Schwermut. Gott sei Dank versteht man das in meiner Familie. Ich muss nichts erklären. Mein Mann – er ist der Lebenskünstler in unserer Familie – versteht. Ich bin osteuropäisch geprägt. Meine Vorfahren sind Slawen, Stimmungsmenschen. Ich halte diese Stimmungswechsel heute besser im Zaum als noch vor

zwanzig Jahren. Dennoch ist es für meinen Mann nicht immer einfach, damit umzugehen. Meine Söhne merken wenig davon.

Mit meinem Mann verbindet mich, trotz der verschiedenen Herkunft, so vieles. Der Krieg, die Angst, die Entbehrungen, die kleinen und großen Errungenschaften in den fünfziger Jahren – ein gebrauchtes Fahrrad, eine neue Schultasche. Und dann dieses Eingebundensein in eine Familie und die Sicherheit, die sie uns gegeben hat.

Später die Erkenntnis unserer Generation über die Vergangenheit unseres Landes. Unserer Länder. Ich bin ja Wienerin. Die Verstrickungen unserer Freunde, unserer Familien. Diese Erkenntnis hat meine Generation zusammengeschweißt – obwohl wir nicht zu einhelligen Schlüssen gekommen sind. Ich für mich kann sagen, dass ich über die Geschichte meiner Länder Österreich und Deutschland und sogar über die meines geliebten Italien, wo ich so lange gelebt und gearbeitet habe, nicht nur viel über die Geschichte des Faschismus erfahren habe, sondern auch über mich. Die Fragen einer Ungeprüften, die ich mir selber stelle, begleiten mich bis heute: Wie hättest du dich damals verhalten? Wie würdest du dich heute verhalten?

Meinen Söhnen ist diese Haltung, die meine politischen Ansichten, meine gesellschaftspolitischen Ansichten heute noch prägt, schwer zu vermitteln. Sie leben in einer völlig anderen Welt. Was soll ich ihnen wünschen? Eine mondiale Katastrophe? Ich werde mich hüten.

Meine Söhne haben ihre eigene Biografie, sie werden sie bewältigen müssen. Meine Erfahrungen werden selten gehört – nein, sie werden gehört, ein wenig unwillig zwar, aber vielleicht bleiben meine Sätze, meine Erzählungen, meine Ermahnungen in ihnen hängen – wie in einem feinen Teesieb. Als Kind dachte ich immer, die Seele ist eine weiße Taubenfeder, die im Brustkorb zittert. Nun denke und hoffe ich, dass dieses feinmaschige Sieb die Erinnerungen, Erfahrungen, aber auch Liebeserklärungen von mir, ihrer Mutter, auffängt – und dass meine Söhne in ihrem Herzen davon festhalten, was wert ist, festgehalten zu werden.

Der Kapitalismus hat sich die sogenannte »Jugend« untertan gemacht. Die Wenigsten erkennen diese grausamen, aufdringlichen Mechanismen. Die Wenigsten können widerstehen. Das macht den Generationenkonflikt so uninteressant. Hier wird nicht mehr um neue gesellschaftliche Positionen gekämpft oder wenigstens darüber diskutiert. Die jungen Menschen in unserer aggressiven

Mediengesellschaft müssen sich über die »richtigen« Klamotten, die »richtige« Musik und so weiter definieren. Das ist sehr zeitraubend und kostet Kraft. Kostet ganz unnötig Kraft.

Ich durfte meine ganze Kraft noch in meinen Beruf stecken. Meine Teenagerjahre waren in dem Augenblick vorüber, als ich im Theater in der Josefstadt in Wien meine erste Probe hatte. Niemand kümmerte sich um mich, um das Mädchen, das ich noch war. Ich tauchte in die Welt der Erwachsenen ein, mit Staunen, mit Schrecken, mit Freude. Und auch mit Kritik. Natürlich.

Das Sichabschotten der jungen Leute scheint mir von den Medien verursacht zu sein, die aus rein materialistischen Gründen eine »coole Jugendsprache«, eine »saugeile Musik« und so weiter gebrauchen und für ihre Zwecke zurechtstutzen. Vielleicht habe ich diesen Eindruck aber nur, weil ich »in meinem Alter« bin? Schließlich hat schon Goethe über »die jungen Leute« geklagt. Er soll mir kein Beispiel sein. Oder wenn schon, ein sehr kluges.

Die Liebe meines Lebens ist mein Mann. Meine Kinder verstehen den Unterschied. Ich liebe meine Kinder. Ich sorge mich um sie. Ich denke an sie, wenn ich morgens aufwache. Ich streichle ihre Hände, kraule sie am Haaransatz – wenn sie mich lassen. Ich rieche immer noch, sehr entfernt, aber doch noch den Duft, den sie als kleine, ganz kleine Kinder verströmten. Sie machen mich glücklich, sie machen mich unglücklich – wie das eben so ist mit Menschen, die einem so nahe sind.

Aber ich teile mein Leben mit meinem Mann. Ich teile meine Gedanken, meine Empfindungen mit ihm. Meine Erinnerungen. Er hat mich immer ermutigt. Zu mir selber. Er ist ein ungewöhnlicher Mann. Vollkommen souverän. Er wollte, dass ich das auch werde. Meiner selbst bewusst. Meiner Möglichkeiten bewusst. Wirklich souverän bin ich nicht geworden – aber so gut, wie es einem Arbeitermädel aus der Vorstadt gelingen mag.

Wir sind beide emanzipiert. Deshalb leben wir so gut miteinander. Natürlich fehlt er mir oft, wenn ich arbeite. Dann sitze ich alleine im Hotel und denke mir, lohnt sich meine Arbeit, lohnt sich diese Einsamkeit? Andererseits liebe ich meine Arbeit. Ich bin auch gut in meiner Arbeit. Natürlich missglückt immer noch genug. Aber ich beherrsche meinen Beruf mittlerweile, und das macht mich froh. Ich würde ihn dennoch sofort und ohne Zögern aufgeben, wenn das Schicksal es verlangte. Ich habe mit siebzehn Jahren auf der Bühne des Theaters in der Josefstadt in Wien begonnen, und heute bin ich siebenundsechzig. Das reicht! Das ist reich! Diese Jahre waren reich.

Das Endgültige wird mir von Tag zu Tag bewusster. Freunde sterben. Unfassbar – aber wahr. Ich muss eine große Verdrängerin sein, dass ich mich immer noch so über die Vögel freue, wenn sie im Frühling morgens endlich wieder zu singen anfangen. Dass ich mir immer noch jung vorkomme, wenn ich auf meinem Fahrrad durch den Wald fahre, wie zwanzig fühle ich mich – dieses Bild korrigiert dann schnell der Spiegel im Flur.

Dennoch, ich bin auf eine schöne Art kindlich geblieben. Ich vertraue Menschen gerne, ich bin neugierig auf Menschen, auf ihre Geschichten. Menschen sind das Wichtigste in diesem kurzen Leben. Ich möchte lernen, solange ich noch lernen kann. Auch lernen, mein Herz nicht zu sehr an einen Lebensraum zu hängen. Lernen, gehen zu können. Abschied zu nehmen. Das ist schwer. Besonders für mich. Ich bin nicht unstet. Mein unwägbarer Beruf ist es. Deshalb werfe ich Anker aus.

Das Wichtigste jedoch ist für mich, mit Anstand durch das Leben zu kommen. Anstand – das heißt für mich, auf den Nächsten zugehen zu lernen, ihm Respekt entgegenzubringen und mehr noch: Verständnis – wie ich es auch für mich einfordere.

Wibke Bruhns

Jahrgang 1938, Journalistin

Es segelt sich irgendwie

Obwohl ich immer darauf bestanden habe, dass man mir mein Alter nicht nehmen darf, muss ich feststellen, dass ich vor zehn, fünfzehn Jahren ein bisschen widerstandsfähiger war als heute mit fast siebzig Jahren. Vor zehn Jahren zog ich nach Berlin, was eine deutliche Veränderung der Lebensumstände bedeutete. Ich hatte vorher im Elsass auf dem Dorf gelebt, in einem schönen Haus, das ich sehr geliebt habe, aber dann fand ich, ich sollte auch mal wieder in der Stadt wohnen. Ich wollte wieder spontan ins Kino gehen können, ins Theater, Freunde besuchen. Das Haus hatte ich für mich und Freunde gebaut, denn in den vielen Jahren im Ausland hatte ich festgestellt, dass ich, wenn ich nach Deutschland kam, die Besuche der Freunde im Stundentakt planen musste. Jetzt konnten sie bei mir wohnen, und meine Gästezimmer waren tatsächlich immer belegt. Im Dorf hatte ich eher eine Sonderstellung, ich war die »Gräfin«, wurde zu Hochzeiten, Kindstaufen, Beerdigungen et cetera eingeladen, und die Menschen waren ungeheuer hilfsbereit. Aber wenn man nicht auf dem Dorf aufgewachsen ist, bleibt man eine Außenstehende. Ich arbeitete in Köln beim WDR in der Talkshow »3 vor Mitternacht«, dem »Mittagsmagazin« im Hörfunk, moderierte viel und hatte alles so organisiert, dass ich nur eine Woche im Monat dort sein musste. Zusätzlich arbeitete ich bei ARTE in Straßburg.

Natürlich war die Zeit auf dem Land sehr schön, aber irgendwann war es genug. Ich wurde Kulturchefin beim ORB und war danach kurze Zeit bei der AVE, die damals Formate wie »Talk im Turm« produziert haben. Eigentlich hatte ich geplant, früher aufzuhören. Ich hatte mir fest vorgenommen, unbedingt mit sechzig anzufangen, mein zweites Buch, »Meines Vaters Land«, zu schreiben, statt mit fünfundsechzig, weil es mir sehr am Herzen lag. Dann kam für ein halbes Jahr die Expo dazwischen, aber danach habe ich mich hingesetzt. Es war mir ganz wichtig, diese Geschichte zwischen zwei Buchdeckeln zu sehen. Die Sorge, ob ich die Jahre, die ich daran arbeiten würde, finanziell überstehen könnte, war unbegründet, weil sich schon allein das Konzept schnell verkauft hat. Die Resonanz auf das Buch war unglaublich. Seit es auf dem Markt ist, bin

ich im Fernsehen und Hörfunk und in den Zeitungen, in Interviews, den Dokumentationen für die ARD, ARTE et cetera nur noch als Objekt erschienen, nicht mehr als eigenständig Schaffende. Ich hatte im ersten Jahr zweiundfünfzig Fernsehauftritte. Davon, wie sich durch das Buch mein Leben verändern würde, hatte ich mir keine Vorstellung gemacht.

Was hat mich geprägt? Der Vater nicht, er war abwesend. Er spielte auch in meinen jungen Jahren nicht die Rolle eines Helden. Ich hatte ein tiefes Misstrauen gegen Helden. Außerdem wusste ich nie so richtig, was eigentlich damals passiert war. Ich wusste, dass sie versucht hatten, Hitler umzubringen, aber ich habe mich erst ab Anfang zwanzig damit beschäftigt, welche politischen Vorstellungen die Attentäter hatten, und die passten mir gar nicht. Ich hatte damals im Gegensatz zu heute noch kein Verständnis für die Hintergründe: Woher sollten sie wissen, was eine Demokratie ist? Mir ist klar: Wenn ich das Buch damals, besonders in den achtundsechziger Jahren, geschrieben hätte, hätte ich gegen diese Generation und auch gegen den Vater gewütet. Heute höre ich einfach zu. Ich will verstehen, begreifen und sonst gar nichts.

Dennoch hat mich die Familiengeschichte, damals der »Makel«, aus einer Verräterfamilie zu kommen, geprägt. Die fünfziger Jahre waren nicht sonderlich zimperlich, was die Zwanzigster-Juli-Leute betraf. Als ich 1955 aus dem Internat flog, gab mir mein Schulleiter mit auf den Weg, es sei ja kein Wunder, dass ich einen schlechten Charakter hätte, mein Vater sei schließlich Hochverräter gewesen. Diese Einstellung war in dem Jahrzehnt gang und gäbe. Die offizielle Version der Bundesrepublik wurde ein bisschen früher revidiert, aber in der Bevölkerung wurde man lange so ähnlich wie die Flüchtlinge behandelt. Flüchtlinge mochte man nicht, igitt, lieber die Wäsche von der Leine – als ob die Menschen etwas dafür konnten, dass sie im selben Boot gesessen hatten, nur unglücklicherweise auf der anderen Seite. Aber das war damals alles nicht mein Thema. Ich war ein junges Mädchen und lebte in einer ziemlich repressiven Zeit.

Dann kamen die Antibabypille und der Rock 'n' Roll und die Petticoats.

Das war wichtig. Ich habe kaum zu Hause gewohnt. Als wir noch in Halberstadt lebten, war das Haus voll mit Flüchtlingen, Ausgebombten, Eingewiesenen. Meine Abneigung gegen Internate, Schulen, Universitäten stammt sicher aus dieser Zeit. In mir ist noch eine präzise Vorstellung von wirklich großer Armut lebendig. Meine Mutter wusste nicht, wie sie uns Kinder ernähren sollte. Das Geld der Firma hatten die Nazis eingesackt, und wir bekamen es auch nicht wieder zurück. Ihre Bemühungen, die Firma im Westen wieder auferstehen zu lassen, scheiterten daran, dass der Vater diese kleine Klitsche von einem jüdischen Unternehmer gekauft hatte, und die Kaufsumme musste gleich nach der Währungsreform zurückgezahlt werden, was sie nicht konnte. Sie ging in den diplomatischen Dienst, und als sie ins Ausland versetzt wurde, musste ich zum ersten Mal ins Internat. Dann war ich bei Freunden untergebracht, später ging ich mit ihr nach Stockholm und dann nach England. Weil ich in Deutschland die Schule besuchen sollte, kam ich in das zweite Internat, auch da flog ich raus. Da ich aber in Deutschland Abitur machen musste, war ich hier in Berlin bei Freunden untergebracht. Danach war ich so weit erwachsen, dass ich alleine leben konnte.

Es war also sehr selten, dass meine Mutter und ich unter einem Dach gelebt haben, dennoch hat sie mich sicher einfach kraft ihrer Persönlichkeit geprägt. Aber ich war nie sonderlich abhängig von ihr, man könnte auch sagen, dass ich heimatlos war und stark in meiner Fantasiewelt lebte. Meine Freundin war Enziane Himmelblau. Sie war ein Luftkind, das nur in meiner Fantasie existierte. Eine emotionale Bindung entstand erst in der Zeit vor dem Abitur, zu meiner Lieblingsdänin, wie sie im Buch heißt, sie war meine Ziehmutter, bei der ich in Berlin wohnte. Sie war wirklich eine ganz wichtige Person für mich. Sie starb 1968, gerade als ich mein zweites Kind geboren hatte. Ihr Tod war der erste tiefe emotionale Einschnitt in meinem Leben.

Der Ansporn, Journalistin werden zu wollen, kam durch meine wunderbare Schwester Ursula. Sie war Journalistin beim NDR und mein Vorbild. Sie war schön, weltgewandt und sprach mehrere Sprachen. Ich komme aus einer schreibenden Familie, alle haben gereimt, gedichtet und Theaterstücke geschrieben. Es war ganz selbstverständlich, dass man zu Weihnachten ein Märchen oder eine Geschichte schrieb. Aber meine Mutter fand, ich sollte zuerst einmal etwas Ordentliches lernen. Ich war ja ihre Jüngste, und ihre Kräfte ließen allmählich nach. Wir einigten uns auf einen Kompromiss, und ich schenkte ihr ein Jahr, ging auf eine Handelsschule und machte den Abschluss als Auslandskorrespondentin in Englisch, Spanisch, Französisch und Steno und Schreibmaschine. Jetzt hatte sie das Gefühl, ich könnte mir im Notfall meinen Unterhalt verdienen. Gleich danach fing ich an zu studieren, weil ich mich für den Journalismus noch zu jung fühlte. Ich hatte nicht das Gefühl, im Studium den geringsten

Erfolg zu haben, wurde aber Stipendiatin der Studienstiftung des Deutschen Volkes. Ich habe immer gut bluffen können und konnte ungeheuer gescheit reden.

Schon während des Studiums schrieb ich für Zeitungen. Anfang der sechziger Jahre war es leicht, Geld zu verdienen, und ich konnte mir bald ein Auto und eine Wohnung leisten. Mit dem Beginn des Volontariats musste ich von dem relativ guten finanziellen Standard herunter, das war

mir klar, darum ging ich zur »Bild«-Zeitung, die am meisten zahlte. Obwohl die Zeitung damals wohl genauso schrecklich wie heute war, habe ich dort von gestandenen Profis wirklich viel gelernt. Ich war mitten im Volontariat, als die Mauer gebaut wurde und die »Bild«-Zeitung die Schlagzeile herausbrachte: »1933 geschah Unrecht, da haben wir geschwiegen. 1961 schweigen wir nicht.« Das fand ich eine unzulässige Verknüpfung und habe aus politischen Gründen gekündigt.

Mit einem abgebrochenen Volontariat und einem abgebrochenen Studium wurde ich durch Vermittlung meiner Schwester Kabelhilfe beim NDR-Fernsehen. Da konnte ich zusehen, wie Filme gemacht wurden, und dann in Windeseile meinen ersten eigenen Film drehen. Als das ZDF gegründet wurde und mein Redaktionsleiter beim NDR Studioleiter des ZDF in Hamburg wurde, nahm er mich als einzige Jungredakteurin mit, und wir beide haben das ZDF in Hamburg aufgebaut. Wir mieteten im Hotel Bartels zwei Räume, schmissen die Betten raus, stellten zwei Schreibtische hinein und bekamen eine Sekretärin, Frau Werner. Dann brach der Strom derer an, die beim ZDF arbeiten wollten. Und ich dreiundzwanzig Jahre altes Küken habe dagesessen und gestandene Bildmischer, Bühnenbildner, Toningenieure, Verwaltungsleute, Fahrer und so weiter begutachtet und ihre Zeugnisse und Arbeitsproben geprüft. Ich machte ein wichtiges Gesicht, und wenn ich das Gefühl hatte, es lohnte sich, habe ich sie zum ZDF nach Mainz ge-

schickt. Ich behauptete immer, dass auf dem Parkplatz ein Zelt stünde und dass die Leute auf der linken Seite ohne Job hineingingen und auf der rechten Seite als Erste Kameraleute wieder herauskamen. Schöne Geschichte, aber so war es natürlich nicht. Immerhin: Eine ganze Reihe der Leute, die wir ausgesucht hatten, wurde eingestellt. Wir bauten inzwischen im Studio Hamburg das Studio des ZDF auf, und ich war plötzlich Bauherrin. Wir konnten alles machen, wir mussten uns nur trauen. Es war eine unglaubliche Aufbruchstimmung, heute völlig undenkbar. Es dauerte noch ein Jahr, bis wir anfangen konnten zu senden, und die Leute der ersten Stunde haben wirklich alle die Jobs gekriegt, die sie haben wollten, und wir alle haben schöne Sendungen gemacht.

Ich hatte in der Zwischenzeit in der Kantine von Studio Hamburg meinen Mann Werner Bruhns kennengelernt, und sehr bald haben wir geheiratet. Ich war sechsundzwanzig Jahre alt und wollte unbedingt schnell Kinder kriegen. Bald war ich schwanger und habe prompt gekündigt, denn ich hatte die Vorstellung, dass ich ab jetzt nur noch Hausfrau und Mutter sein wollte, Schluss mit dem Beruf! Ich wollte eine kleine Familie haben, den Kindern die Geborgenheit geben, die ich selbst nie erfahren hatte.

Aber als dann Annika geboren war, habe ich es nur ein halbes Jahr ausgehalten, dann fing ich an, als freie Mitarbeiterin zu arbeiten. Das zweite Kind kam, und beruflich ging es relativ zügig bergauf. Ich drehte viele Filme, und 1971 kam der Nachrichtenjob. Das war zwar der langweiligste Job, den ich je hatte, er hat aber meinen Marktwert deutlich erhöht. Aber was den Print-Journalismus betrifft – als Nannen mich dann für den »Stern« einkaufte, habe ich praktisch bei null wieder anfangen müssen, weil all die Edelfedern, die da versammelt waren, mir natürlich nichts zutrauten. Da habe ich mich sehr durchbeißen müssen, das ist mir aber gelungen. Ich blieb sehr lange beim »Stern«, aber als mein Mann starb, wollte ich unbedingt weg.

Ich konnte Nannen davon überzeugen, dass wir im Nahen Osten dringend einen ständigen Korrespondenten brauchten. Es war die Zeit nach Sadats Besuch in Jerusalem, als es in der Gegend ungeheuer viel Bewegung gab. Mit Kind und Kegel zog ich dorthin, krempelte die Ärmel hoch und packte das riskante Unterfangen an. Von da an war ich fünf Jahre in Jerusalem und fünf Jahre in Washington und dann zehn Jahre im Elsass und habe viel bei ARTE gearbeitet. Die Zeit in Israel war sicher die eindrücklichste und wichtigste Zeit, aber ich würde auch für Geld und gute Worte nicht noch einmal dort arbeiten wollen, es war einfach zu anstrengend. Ich würde also sagen, Amerika war nicht so wichtig. Israel war sehr wichtig, aber davor die achtundsechziger Jahre, die Jahre zwischen Mitte der sechziger und Mitte der siebziger Jahre, da bin ich hochgradig politisiert worden. Und der Wahlkampf 1972, der war unglaublich. Ich behaupte, dass Günter Grass, Willy Brandt und ich die meisten Veranstaltungen gemacht haben. Es war sehr spannend, und dann haben wir auch noch gewonnen! Und dass viele Jahre später auch noch die Mauer gefallen ist, man hat es nicht geglaubt. Interessant war dann die Erfahrung in den ostdeutschen Ländern. Die Menschen dort sind einfach anders. Ich musste gucken, fragen, begreifen, nachvollziehen. Darin hatte ich in den Jahren als Auslandskorrespondentin gut Erfahrung sammeln können.

Die größte Veränderung in den letzten Jahren entstand durch mein Buch. Jetzt bin ich, nach vier Jahren, immer noch unausgesetzt damit beschäftigt. Es gibt inzwischen vierzehn Übersetzungen. Bei einigen Übersetzungen konnte ich hilfreich sein, aber bei vielen Sprachen wie Ungarisch, Georgisch oder auch Japanisch kann ich nur hoffen, dass sie gelungen sind. Ich habe dieses Jahr noch ein Wahn-

sinnspensum vor mir. Ich fahre Ende März, Anfang April auf eine Lesereise durch Amerika, dann Lissabon, Kairo, Sydney, Dänemark, das ist ja praktisch um die Ecke, Stockholm, Polen. Sehr gerne würde ich mich jetzt mit etwas anderem beschäftigen.

Das Wichtigste für mich sind tatsächlich die Kinder. Ich habe nie in meinem Leben irgend etwas Bedeutenderes hervorgebracht. Ich habe ein sehr gutes Verhältnis zu meinen beiden Töchtern, freue mich auf das dritte Enkelkind, finde es hinreißend mit den Kleinen.

Ich habe einen großen Freundeskreis. Ich war immer die Jüngste, und das heißt, dass eine ganze Reihe von Freunden, die mich mein Leben lang begleitet haben, jetzt achtzig Jahre und darüber sind, und da sehe ich eine ganze Menge Elend. Das ist nicht einfach und macht mich nachdenklich.

Einen Mann habe ich nicht mehr an meiner Seite. Männer gab es in wechselnden Ausführungen in meinem Leben. Heute kann ich mir nicht mehr vorstellen, dass ich mich noch einmal auf einen einlassen könnte. Wenn man älter ist, ist man in seinen Strukturen so festgefahren, und ich möchte mich nicht umgewöhnen müssen.

Wenn ich an den Sinn meines Lebens denke, fallen mir natürlich sofort wieder die Kinder ein. Als sie klein waren, verknüpfte ich das Kinderkriegen noch mit meinen politischen Vorstellungen und sagte, dass es nichts Politischeres gibt, als Kinder in die Welt zu setzen und großzuziehen und ihnen bestimmte Maßstäbe mitzugeben. Denn klitzekleine Mosaiksteinchen in unserer Gesellschaft sind sie allemal. Ohne meine Kinder wäre mein Leben völlig hohl. Und wenn die Lesungen und letzten Nacharbeiten zu »Meines Vaters Land« hinter mir liegen, alles archiviert und ins Stadtarchiv von Halberstadt gebracht worden ist, möchte ich mich irgendwo engagieren, wo es etwas nützt. Ich finde, was ich im Moment mache, ist ein Drohnenleben, das gefällt mir nicht ganz.

Ja, und dann schreibe ich das dritte Buch. Denn das Schreiben ist ein unglaublicher Zustand. Das Faszinierende an der Arbeit war, dass ich völlig weggetaucht bin. Ich habe das so genossen. Ich war auf einem anderen Stern, vollkommen abgeschnitten von der Welt. Ich habe auch keine Freunde gesehen, weil ich keine mentale Ablenkung haben wollte. Ich befand mich wie in einem Kokon. Das war ein göttlicher Zustand. Und so etwas hätte ich gerne wieder.

Hannelore Elsner

Jahrgang 1942, Schauspielerin

*Wenn ich daran denke
dass ich in 4 Jahren
Siebzig werde
muss ich lächeln*

Es klingt vielleicht überraschend, aber mein Lebensgefühl heute ist ganz wunderschön. Ich habe einmal gesagt, ich möchte hundertzwanzig Jahre alt werden. Das möchte ich eigentlich immer noch, natürlich so, wie ich jetzt bin, ich möchte in meiner ganzen Kraft hundertzwanzig werden. Ich glaube an das, was die Buddhisten sagen, und habe es am eigenen Leib erlebt, nämlich, dass man bis sechzig jung ist und ab sechzig älter wird. Das stimmt für mich hundertprozentig. Für mich gab es keine Midlifecrisis. Ich fühlte mich bis sechzig absolut jung und kraftvoll. Ich meine nicht nur äußerlich, sondern auch innerlich. In meinem ganzen Sein.

Ab sechzig habe ich dann mit Freude bemerkt, dass ich ein bisschen älter wurde. Einerseits erlebte ich es mit Freude, weil ich mich selbst mehr gemocht, mehr akzeptiert habe, weil ich anfing, stolz auf mich zu sein. Andererseits spürte ich natürlich, aber wirklich erst ab sechzig, dass ich doch etwas rücksichtsvoller mit meinem Körper umgehen müsste und nicht mehr so unbegrenzt Kräfte habe. Ich hatte gearbeitet wie ein Tier und ging zu meiner Heilpraktikerin, weil ich völlig erschöpft war. Ich wollte wissen, wieso ich so müde war, und wahrscheinlich läge es daran, dass ich nun älter würde. Als sie fragte, was ich in der letzten Zeit gemacht hätte, zählte ich auf: Ja, ich war in New York, dann in

Brüssel, dann habe ich da Theater gespielt, da habe ich sechzehn Stunden am Tag gedreht, dann bin ich ganz schnell dahin geflogen, um einen Interviewtag zu machen, dann bin ich nach Berlin geflogen, habe Theaterproben gehabt und so weiter. Natürlich sagte sie: Und da wundern Sie sich, dass Sie müde sind? Mir wurde klar, dass sie recht hatte. Ich arbeite sehr viel, weil jetzt meine Zeit ist. Es hat bei mir ja relativ lange gedauert, bis die Achtung für meine Arbeit von außen kam. Erst seit zehn, fünfzehn Jahren bekomme ich die wirklich interessanten Rollen.

Vielleicht ist es ungewöhnlich, aber ich erlebe das Ältersein im positiven Sinne. Ich verstehe viel mehr, ich sehe viel mehr, ich bin mehr bei mir, ich habe weniger Angst. Ich fühle mich viel unbegrenzter. Was so wunderbar ist: dass man sein ganzes eigenes Leben in sich trägt. Das kleine Mädchen, das man einmal war, die Jugend, die junge Frau.

Wenn ich über diesen unglaublich schwierigen Mittelteil meines Lebens nachdenke, dann bricht mir der Schweiß aus. Was ich damals alles geleistet habe! Ich war, als mein Kind klein war, gleichzeitig Mutter, Geliebte, Ehefrau, berufstätige Frau. In allem wollte ich die Beste sein, allen wollte ich gerecht werden. Wie habe ich mich angestrengt! Aber ich habe auch alles genau so gewollt. Und doch kann ich es heute manchmal gar nicht fassen, wie ich das alles geschafft habe. Aber ich hatte die Kraft, ich habe es geschafft. Und zwar nicht mühselig und beladen, sondern alles annehmend, das Leben annehmend.

Von klein auf – schon immer – habe ich sehr gerne gelernt. Ich liebe es, zu lernen. Das hat für mich etwas Erotisches, Sinnliches, es bereichert mich, es spricht meine Sinne an. Ich liebe das wunderbare Gefühl, wenn ich spüre, dass ich etwas begriffen habe. Vor drei oder vier Jahren lief ein Film mit mir (»Du hast gesagt, dass du mich liebst« von Rudolf Thome) auch in Burghausen, der Stadt, in der ich geboren bin. Ich war dort und traf auch meine früheren Schulkameradinnen. Eine von ihnen zeigte mir ihr Poesiealbum, in das ich ein Gedicht geschrieben und mit Buntstiften etwas gezeichnet hatte. In dem Gedicht hieß es: Das Leben ist Mühe und Pflicht, man muss seine Pflicht tun und so weiter. In der Zeichnung sitze ich am Tisch, ein kleines Mädchen mit Zöpfen, und lerne. Draußen vor dem Fenster scheint

die Sonne, und die sagt in einer Sprechblase: Komm heraus, liebe Hannelore, hier ist es so schön. Ich antworte in der Sprechblase: Ich kann nicht, liebe Sonne, ich muss lernen. Und unter dem Tisch sitzt ein kleiner Hund, der hat auch so eine Sprechblase, in der er sagt: Wau, wau, bitte, komm mit zum Spielen raus, es ist so schön draußen. Aber ich sage: Nein, lieber Wauwau, ich kann nicht, ich muss lernen. Das fand ich im ersten Moment ganz lustig, aber dann fand ich es ganz erschreckend, es hat mich sehr berührt. Dieser Druck, immer etwas leisten zu müssen, der mich so lange begleitet hat, ist jetzt verflogen. Ich kann viel besser in Ruhe alles genießen. Jetzt im Januar war ich vier Tage in Los Angeles zur Premiere meines Films »Vivere«, ein Film von Angelina Maccarone. Ich wurde dort mit offenen Armen empfangen, in der »New York Times« stand: »The German Helen Mirren«. Die Menschen sind total ausgeflippt, sie fanden mich fantastisch, und ich fühlte mich auch fantastisch. Mein Sohn Dominik war mitgekommen, und die vier Tage waren wunderschön.

Oder der Film »Kirschblüten – Hanami« von Doris Dörrie. Zum ersten Mal in meinem Leben lief ein Film von mir im Wettbewerb der Berlinale. Wie wunderbar. So wunderbar wie der Film selbst. Ich liebe meine Rolle der Trudi, weil sie mich an meine bayerische Oma erinnert, zart und stark zugleich, so wie ich auch. Und ich liebe die Rolle der Trudi, weil sie zeigt, dass Frauen älter werden dürfen, auch Schauspielerinnen. Trudi hat sich nie gesorgt ums Älterwerden. Man kann in ihr alle ihre Lebensalter sehen: Man sieht ihre Kindheit, ihre Jugend – man sieht ihre Schönheit, man sieht alles … alles, gerade weil sie so nackt ist. Dieser Film hat mich glücklich gemacht.

Meinen Beruf mag ich immer lieber. Ich habe mehr und mehr das Gefühl, dass ich nicht nur einfach Rollen spiele, sondern ich spüre, dass ich den Menschen etwas schenken kann, dass ich etwas abgeben kann von meiner inneren Tiefe. Eine Tiefe, die sich für mich immer mehr darstellt und die ich immer mehr begreife. Das macht mich reich. Ich habe ja das Glück, dass mein Leben und mein Beruf nicht getrennt voneinander sind, sie gehören untrennbar zusammen, und jede Rolle in jedem Lebensalter ist gleichzeitig eine Dokumentation meiner jeweiligen Zeit. So geschah und geschieht alles zu seiner Zeit. Für mich gab es noch nie diesen so viel besprochenen Generationenkonflikt. Ich bewunderte, als ich jung war, meine älteren Kolleginnen und versuchte, von ihnen zu lernen. Und ich habe auch nicht das Gefühl, dass ich irgendwann aufhören muss, weil Jüngere meinen Platz einnehmen wollen. Allerdings hätte ich mir gewünscht, dass mir Filme wie zum Beispiel »Die Unberührbare« von Oskar Roehler schon früher angeboten worden wären. Da war ich immerhin schon sechsundfünfzig Jahre alt und hatte unglaublich lange in meinem Beruf gearbeitet. Ich sehe, dass die jüngeren Schauspielerinnen es heutzutage leichter haben. Sie werden viel schneller geachtet in dem, was sie leisten, und sie werden nicht nur bekannt, weil sie hübsch aussehen. Außerdem werden sie heute viel besser durch die Medien präsentiert. Damals gab es keine Veranstaltungen wie »New Faces« oder »Shooting Stars«.

Mein Leben verläuft nicht in Stationen, es fließt alles ineinander und durcheinander, gleichzeitig fühle ich mich viel unbegrenzter. Ich habe ja inzwischen erlebt, dass ich mich ständig erneuere, weil immer wieder etwas Neues dazukam. In der entsprechenden Zeit, in dem jeweiligen Alter, waren fast alle Dinge, die passiert sind oder die ich gemacht habe, wichtig für mich. Die Geburt meines

Kindes war ein ganz großes Ereignis. Aber auch, wenn ich ihn jetzt anschaue, wie schön und wie groß er geworden ist, ist es jedes Mal ein Ereignis. Ich sehe ihn und denke: Mein Gott, das ist mein Kind. Mein Sohn Dominik. Er ist jetzt siebenundzwanzig. Ein junger Mann! Wir lieben uns und achten einander.

Ich habe einige sehr gute Freunde, auch Freundinnen inzwischen. Weil mein Leben so unglaublich vollgepackt ist, habe ich nicht regelmäßig Zeit und kann mich auch nur selten melden. Aber die, die das verstehen und trotzdem bei mir bleiben, das sind dann wirkliche Freunde.

Erotik ist eine sehr kluge und manchmal auch intellektuelle Empfindung. Um wirkliche Erotik genießen zu können, muss man schon ein bisschen älter geworden sein.☺ Ich denke allerdings nicht, dass man plötzlich, wenn man älter geworden ist, erotischer wird, sondern man muss es in sich haben. Es ist immer dasselbe Thema: Ich habe alles in mir, ich habe es zur Verfügung und kann es sofort hervorrufen, dieses Gefühl der Jugend. Aber natürlich nur, wenn es nicht verlorengegangen ist. So ist es auch mit Sinnlichkeit, mit Erotik, auch mit der Kunst, sich zu freuen. Ich kann mich über jede Kleinigkeit freuen. Man sagt, man freut sich wie ein Kind. Was heißt denn das? Das bedeutet doch: unvoreingenommen, voll Hingabe, einfach so. Und wenn das Kind, das Mädchen in einem nicht verlorengegangen ist, dann ist es immer vorhanden, und das ist wirklich schön.

Ich dachte, dass die Zeiten vorbei sind, in denen man verächtlich über das Älterwerden spricht. Aber so viel hat sich wohl noch nicht geändert. Als ich mit fast neununddreißig mein Kind bekam, fühlte ich mich wahnsinnig jung, und das war ich auch, ich dachte, was redet der Arzt von »spätgebärend«. Und dann lese ich im Zusammenhang mit meinem fünfzigsten Geburtstag in den Medien das Wort »noch«, wie: Für fünfzig sieht sie ja »noch« ganz toll aus. Ja, was heißt das? Ich weiß ganz genau, wie jung eine fünfzigjährige Frau aussehen kann. Und zwar innen und außen, ich habe es selbst erlebt, an mir. Ich finde es selbstverständlich, dass eine fünfzigjährige Frau »toll« aussieht. Ich finde, die Medien sollen sich nicht immer so verlogen darüber wundern, es ist nichts Besonderes.

Ich bin auch jetzt wieder an einem Anfang, wenn es stimmt, dass man bis sechzig jung ist und ab sechzig älter wird. Dann bin ich ja jetzt ziemlich am Anfang, schon wieder ziemlich jung im Moment. So viel weiß ich deshalb noch nicht über das Alter, das muss ich ganz ehrlich sagen.

Über Träume habe ich einmal gesagt, unerfüllbare Träume träume ich gar nicht, das tue ich mir nicht an. Wenn du so willst, träume ich eigentlich die ganze Zeit. Ich erlebe mich in verschiedenen Umgebungen tatsächlich manchmal so, als wäre

es gerade ein Traum. Also ein Traum im Sinne von Entrücktsein oder einfach Woanders-Sein oder Jemand-anderer-Sein. Ich hatte manchmal ein ganz starkes Gefühl, dass ich mich selber beobachten konnte – dass ich mir von außen zuschaute. Dann konnte ich mir alle möglichen Gefühle schenken: Entweder bewunderte ich mich, wie ich da so herumlief, oder ich tat mir ein bisschen leid, wenn ich gerade einsam war, das hat mir gutgetan. Mit siebenundzwanzig, achtundzwanzig Jahren fühlte ich mich manchmal »existenzialistisch einsam«. Ich hatte Hüte auf und betrachtete mein Spiegelbild in den Schaufenstern und fühlte mich wie in einem französischen Film. Damals lebte ich sehr unberechnend, habe nichts geplant. Als es die große Kampagne gab »Mein Bauch gehört mir, ich habe abgetrieben«, da habe ich gedacht, ich würde nie abtreiben, ich würde jedes Kind, das zu mir kommt, nehmen. Ich dachte andersherum: Mein Bauch gehört auch deshalb mir, weil ich eben nicht abtreiben würde, wenn ich schwanger wäre. Ich habe immer gedacht, dass ich alles alleine schaffen kann. Das ist wahrscheinlich das Einzige, was ich heute anders machen würde.

Ich würde vielleicht mehr darauf achtgeben, eine richtige Familie zu haben. Einen Ort zu schaffen, der Geborgenheit gibt, mit Menschen, mit denen man in Liebe und Vertrauen schon lange lebt. Davon habe ich manchmal geträumt.

Ich fühle mich beschützt, das ist es, was mich stark macht. Ich spüre, ich habe meine sieben Samurai um mich herum. Ich fühle mich aber nicht nur von außen beschützt, ich fühle mich auch in mir selber sehr stark. Es ist eine Kraft in mir, und die brauche ich auch, ohne diese Kraft würde ich gar nicht überleben können. Es gibt Strömungen, die einen erwischen können, die mich vernichten wollen. Ich meine nicht so einfache Dinge wie Krankheit, Schmerz oder Kummer, die gehören zum Leben. So etwas muss man annehmen und versuchen zu überwinden. Nein, ich meine, dass ich das Gefühl habe, mein ganzes Leben als Amazone, als Kriegerin unterwegs zu sein und zu kämpfen wie

eine Löwin. Du musst wehrhaft sein, sonst gehst du unter. So wie Hanna Flanders in dem Film »Die Unberührbare«, die ich gespielt habe. Diese Frau mit der großen schwarzen Perücke und diesen Augen – ich habe sie ganz anders gesehen, als die meisten Leute sie sehen wollten. Ich fand sie überhaupt nicht hässlich, ich fand sie wunderschön. Sie hat sich bemalt wie eine Kriegerin, das war ihre Rüstung, hinter der sie sich verstecken konnte. Sie war so verletzbar, dass sie sich schützen musste. Oder ich hab sie als einen Alien beschrieben, der auf der Suche nach dem einzigen anderen Alien war, den es auf der Welt gibt. Insofern war sie stark einerseits, andererseits schwach, weil sie so alleine war. Aber sie wusste, dass es noch etwas für sie gibt. Sie war mädchenhaft im Sinne von unvoreingenommen, mit einem klaren Blick, nicht berechnend. Einfach das Leben anschauen und annehmen. Eigentlich könnte ich mich auch so beschreiben.

Wenn ich mir vorstelle, dass ich dieses Mädchenhafte in mir bewahre, spüre ich das Erwartungsvolle. Alle Rollen will ich spielen, die mir entsprechen, alle. Ich freue mich auf alles, was kommt. Es ist wie das Gefühl, das man vor Weihnachten hat. Ich kann mich an die Herbststürme erinnern, als ich klein war. Ich fand sie sehr aufregend und dachte: Wow, was kommt jetzt, was kommt da auf mich zu? Diese Erwartung war beides zugleich, gruselig und freudig.

Heidi Günther

Jahrgang 1942, Kauffrau

Positive Seiten des Lebens genießen, aus negativen Erfahrungen lernen.

Heute fühle ich mich ausgeglichen und bin rundum zufrieden mit meinem Leben. Früher hat mein Selbstwertgefühl darunter gelitten, dass ich unter meinen Geschwistern die Einzige war, die nicht studiert hat, und auch mein Freundeskreis akademisch geprägt war. Heute weiß ich, was ich kann, und fühle mich in meiner Partnerschaft sehr wohl.

Ich wuchs relativ behütet auf, wenn auch nicht in großem Wohlstand. Meine Eltern haben immer gearbeitet, wir Kinder – ich bin das zweite von vier Geschwistern – waren uns vielfach selbst überlassen. Wir wohnten in einem Vorort von Darmstadt, gegenüber einem großen Naturbad, ohne unmittelbare Nachbarschaft, und hatten einen Riesengarten, was gerade in der Nachkriegszeit sehr schön war. Es war eigentlich eine sehr glückliche Kindheit. Große Reisen konnten wir uns natürlich nicht leisten. Einmal aber machten wir Urlaub auf Sylt, da war ich zehn oder zwölf Jahre alt. Dort sah ich zum ersten Mal das Meer – ein unbeschreibliches Erlebnis! Diesen Eindruck werde ich nie vergessen.

Die dominierende Person in unserer Familie war meine Großmutter. Sie war die Mutter meines Vaters und lebte bei uns. Ihr Einfluss auf die Familie war stark, und so wirkte es sich auch sehr negativ aus, dass sie meinen älteren Bruder bevorzugte, zumal mein Vater sich in seinem Verhalten nach ihr richtete. In

Konflikten mit Großmutter zog ich natürlich den Kürzeren, da mein Vater immer auf ihrer Seite war. Meine Mutter reagierte in solchen Situationen eher defensiv, und so fühlte ich mich oft im Stich gelassen. Dies war für mich ein entscheidender Grund dafür, dass ich mich in der Pubertät von meinem Vater abwendete. Die verwirrenden und widersprüchlichen Gefühle habe ich stets mit mir selbst ausgemacht. Trotz allem wusste ich immer, dass meine Eltern mich liebten.

Ich verließ mein Elternhaus relativ früh, nachdem ich eine kaufmännische Lehre absolviert hatte. Zunächst ging ich in die Schweiz, nach Basel. Ich hatte schon immer Sprachen lernen wollen und besuchte daher im Anschluss an die eineinhalb Jahre in Basel eine Sprachschule in Lausanne. Mein Unabhängigkeitsdrang verbat es mir, mich von meinem Vater unterstützen zu lassen. Ich finanzierte den Schulaufenthalt mit selbst verdientem Geld. Diese Art von Stolz und Freigeist imponierte meinem Vater.

Ein weiteres halbes Jahr verbrachte ich, um meine Französischkenntnisse zu vervollständigen, als Au-pair-Mädchen bei einer Familie am Genfer See. Danach wollte ich nach England gehen, war aber zunächst wieder in Darmstadt, wo ich meinen Mann kennenlernte, der dort Architektur studierte.

Wir heirateten, und wenig später wurde unser Sohn geboren. Die Geburt meines Kindes war ein großartiges, beglückendes Erlebnis. In der Nähe von Köln, mitten im Grünen, bauten wir ein Haus, viel zu groß und aufwendig für uns. Von da an waren Familie, Haus und Garten unser zentraler Lebensinhalt. Mein Mann arbeitete freiberuflich und hatte sein Büro im Haus. Ich übernahm die kaufmännischen Angelegenheiten, und so kam es, dass wir den ganzen Tag miteinander verbrachten. Eigene Aktivitäten gerieten völlig in den Hintergrund. Wir lebten abgeschottet im Grünen, ich hatte kein Auto, verdiente kein eigenes Geld, von Selbstbestimmung konnte keine Rede mehr sein. Dabei war ich neugierig, wollte reisen, die Welt kennenlernen, Neues entdecken. Aber finanziell konnten wir uns das alles nicht erlauben. Nach fünfzehn Jahren hatten wir den Bau unseres Hauses endlich abgeschlossen, und unsere Ehe war leider auch am Ende. Wir hatten eigentlich ein gutes Verhältnis zueinander, das sich bis in die Gegenwart bewährt hat. Aber ich mochte nicht so weiterleben, ich wollte raus aus den engen Verhältnissen, Leben bedeutete für mich mehr als Heim und Herd. Und dann lernte ich einen anderen Mann kennen, der mir die große, weite Welt buchstäblich zu Füßen legte.

Die Trennung von meinem Mann war schmerzlich, die Situation meines fünfzehnjährigen Sohnes gleichwohl schlimmer. Er blieb bei seinem Vater und distanzierte sich in dieser Zeit sehr von mir. Glücklicherweise hatte er ein sehr gutes Verhältnis zu meinem jüngeren Bruder, der im elterlichen Haus in Darmstadt lebte. Die regelmäßigen Besuche dort haben ihn für das fehlende Familienleben entschädigt. Und ich war dank mei-

nem Bruder stets gut darüber informiert, wie es meinem Sohn ging. Zum Glück hat sich das Verhältnis zwischen meinem Sohn und mir in der Folgezeit völlig normalisiert, und wir sind uns wieder sehr nahegekommen.

An der Seite des neuen Mannes wurde endlich meine Neugier, mein Wissensdurst befriedigt. Er war ein bekannter Antiquitätenhändler, und auch in dieser Beziehung beschränkte ich mich nicht darauf, mit ihm zusammenzuleben. Ich übernahm Aufgaben in seinem Betrieb, arbeitete zuerst schwerpunktmäßig im Verkauf, lernte Grundsätzliches über außereuropäische Antiquitäten, Ethnoschmuck und die jeweiligen Herkunftsländer. Spannende Geschäfts- und Einkaufsreisen führten uns in viele Teile Asiens, Afrikas und Mittelamerikas. Ich lernte viele fremde Länder und Menschen kennen, und meine Entdeckungslust wurde befriedigt. Im Laufe der Zeit wuchs die Firma, es wurden Filialen eröffnet, für deren Einrichtung und Angebotskonzeption ich verantwortlich war. Nun konnte ich mein kreatives und gestalterisches Talent bestens ausleben.

In der ersten Zeit unserer Partnerschaft war ich voller Begeisterung für diesen neuen Mann. Er war gebildet, viel in der Welt herumgekommen, ein wunderbarer Gesellschafter mit viel Humor, gleichzeitig aber auch dominant und selbstbezogen. Er fand es selbstverständlich, dass ich zu ihm hochschaute. Im Lauf unserer neunzehnjährigen Beziehung emanzipierte ich mich Schritt für Schritt von ihm, und diese Verhaltensänderung ließ natürlich auch unser inneres Verhältnis nicht unberührt. Die »Machtverhältnisse« gerieten aus dem Gleichgewicht, was immer häufiger zu Konflikten führte. Nach einer bereits gescheiterten Ehe überlegt man sich genau, ob eine Beziehung gerettet werden kann, und versucht, auch eigene Fehler zu analysieren. Aber schließlich war die Trennung unvermeidlich. Beruflich arbeiten wir weiterhin zusammen und bemühen uns, konstruktiv miteinander umzugehen.

Ich konnte mir nicht vorstellen, mich noch einmal zu verlieben, geschweige denn eine neue Partnerschaft einzugehen, denn ich kann gut alleine sein und langweile mich nie. Doch dann hat es mich völlig unverhofft getroffen, und jetzt ist ein Partner an meiner Seite, mit dem mich die gleiche Lebenseinstellung verbindet. Wir haben eine sehr innige und verständnisvolle Beziehung. Wir akzeptieren uns so, wie wir sind, mit allen Schwächen und Stärken. Wir wohnen getrennt, so bleibt das Zusammensein etwas Besonderes, und wir können es viel mehr genießen. Ich bin viel älter als er, und anfänglich habe ich mich gefragt, wie lange das mit uns wohl dauern würde. Nun sind es bereits acht Jahre, und die Intensität unserer Zuneigung ist gewachsen. Manchmal denke ich allerdings, dass sich mit der Zeit der Altersunterschied negativ auswirken könnte, aber noch spüre ich das nicht.

Ich habe nicht sehr viele enge Freundinnen. Wenn ich es genau bedenke, sind es höchstens eine Handvoll. Aber diese Freundschaften sind intensiv und haben sich über viele Jahre entwickelt. Meine beste Freundin kenne ich seit fast fünfzig Jahren, wir wissen ganz viel voneinander, erzählen uns auch Dinge, die man sonst niemandem erzählt. Große Bedeutung hat für mich auch mein jüngerer Bruder, der in schwierigen Situationen immer ein offenes Ohr für mich hatte. Und auch mit meinem Sohn kann ich heute reden wie mit einem guten Freund, er kann vieles von dem, was mich bewegt und beschäftigt, sehr gut nachempfinden.

Probleme mit dem Älterwerden habe ich eigentlich nicht. Natürlich achte ich auf mein Gewicht – ein gesundes Maß an Eitelkeit schadet nicht –, und eine Beziehung mit einem jüngeren Partner bringt es automatisch mit sich, dass man etwas bewusster auf sein Äußeres achtet. Ich fühle mich jünger, als ich bin, bin

neugierig und möchte noch vieles lernen und erleben. Das Alter scheint mir weit weg zu sein, und doch melden sich die ersten Wehwehchen. Wie mag es aussehen, wenn man die Siebzig erreicht hat? Sehr schade fände ich es, wenn ich nicht mehr in meinem Beruf arbeiten dürfte. Warum sollte man nicht so lange arbeiten können, wie es Geist und Körper zulassen? Zur Zeit kann ich mir schwer vorstellen, ohne feste Aufgabe zu sein.

Die Sexualität verändert sich mit dem Älterwerden, aber sie verliert nichts von ihrem Reiz, und wenn man ein abwechslungsreiches, lebendiges, neugieriges Leben führt, schläft sie auch nicht ein. Sie hat sicher nicht mehr den Stellenwert wie in der Jugend. Sinnlichkeit und ein liebevolles Miteinander stehen im Alter stärker im Vordergrund.

Meine Lebensaufgabe sehe ich darin, ein erfülltes Leben anzustreben, meine Fähigkeiten zu nutzen und mit ihnen zu wachsen. Man kann nichts dafür, wo und wann man in diese Welt hineingesetzt wird, aber man hat Verantwortung anderen Menschen und seiner Umwelt – und natürlich auch sich selbst – gegenüber.

Zur Institution Kirche habe ich keinen Bezug, aber das Thema Spiritualität beschäftigt mich, besonders seit mein Vater im Sterben lag. Nach zwei Schlaganfällen war er halbseitig gelähmt und konnte sich nicht mehr richtig artikulieren. In seiner letzten Lebenswoche haben meine Mutter, meine Schwester, mein Bruder und ich uns an seinem Bett abgewechselt. Ich hatte lange Zeit ein sehr schwieriges Verhältnis zu meiner Schwester. In dieser einen Woche, als wir am Krankenbett meines Vaters saßen, ihm die Hand hielten und seine Schmerzen miterlebten, sind wir einander wieder nähergekommen, ohne viel darüber zu reden. Es war, als hätte mein Vater diese eine Woche länger gelebt, um uns wieder zusammenzubringen, obwohl der Arzt erwartet hatte, dass er nur noch ein bis zwei Tage leben würde. Das war für mich eine spirituelle Erfahrung. Meine Aufenthalte in

Tibet haben mich mit Menschen zusammengebracht, die ihre Gläubigkeit mit großer Intensität leben, was mich tief berührt hat. Eine Begegnung ist mir in besonderer Erinnerung geblieben. Wir hatten Fotografien des Dalai Lama auf die Reise mitgenommen, was seitens der chinesischen Machthaber strengstens untersagt war. Auf einer einsamen Bergweide trafen wir einen etwa zehnjährigen Jungen, der Yaks hütete. Ich schenkte ihm ein Bild des Dalai Lama. Er nahm das Bild, drückte es an sich, legte es sich auf den Kopf und sprang überglücklich den Berg hinauf.

Der Tod ist mir begegnet, als mein älterer Bruder an Krebs starb. Als er mir eröffnete, dass er nicht mehr lange zu leben hätte, war ich fassungslos. Er wirkte aber sehr gefasst und sagte: Weißt du, ich hatte ein schönes, erfülltes Leben, gut geratene Kinder – ich habe keine Angst.

Am wichtigsten ist mir in meinem Leben, dass die Nähe zu den Menschen, denen ich eng verbunden bin, nicht verlorengeht und dass ich diese Nähe mit Respekt, Wahrhaftigkeit und Toleranz erhalte.

Christa Höhs

Jahrgang 1941, Seniormodel-Agentin

Auf den Punkt kommen, klar und sauber

Mein heutiges Lebensgefühl besteht in reiner Freude, denn meine Ängste haben sich, je älter ich wurde, immer mehr verflüchtigt. Jetzt kann ich meine Lebenserfahrung dazu nutzen, jüngere Menschen anzuregen. In letzter Zeit treffe ich viele, die wirklich interessiert sind und meinen Rat suchen, dadurch fühle ich mich wunderbar gebraucht.

In den letzten zehn bis zwanzig Jahren hat sich mein Arbeitsalltag grundlegend verändert. Früher stieg ich nach ungefähr drei Jahren aus dem jeweiligen Job aus, weil er mir langweilig geworden war. Seit ich die Agentur aufgebaut habe, bin ich dabeigeblieben. Das macht mich stolz. Senioren sind ein gesellschaftspolitisches Thema geworden. Die Zeit ist reif dafür, das reizt mich daran. Anfangs musste ich das Thema auf Boulevardebene locker-flockig angehen, um die Leute aufmerksam zu machen, aber jetzt kann man sich ernsthaft damit auseinandersetzen. Ich kann zeigen, dass es eine ganz neue Zielgruppe gibt. Als ich 1994 mit der Agentur für ältere Models anfing, war ich ganz allein auf weiter Flur und meiner Zeit voraus. Ich hatte allerdings Unterstützung durch Beiersdorf, wo es parallel die Nivea-Vital-Kampagne mit Susanne Schöneborn als erstem grauhaarigem Model gab. Mein damaliger Geschäftspartner hatte diese Kampagne mit entwickelt, deswegen konnten wir sie zusammen in die

Öffentlichkeit bringen. Wir waren wirklich die Einzigen, die die ältere Generation in den Mittelpunkt rückten. Und die Medien haben sofort begriffen, dass da etwas Neues kam. Ich bin überzeugt, dass ich damals etwas in Gang gesetzt habe, und die Nivea-Vital-Werbung war ideal, um weiterzukommen.

Meine wichtigste Prägung habe ich in Hamburg erfahren, wo ich die ersten elf Jahre meines Lebens gewohnt habe. Ich erlebte die schönste Zeit meines Lebens, die Kindheit bei meiner Großmutter, die eine sehr warmherzige Frau war, etwas, was ich bei meiner Mutter vermisste.

Mit etwa zehn Jahren bekam ich Tuberkulose und musste anderthalb Jahre in einem Sanatorium im Taunus verbringen. Damals gab es noch keine Medizin gegen Tuberkulose, und ich musste eine Liegekur machen und löffelweise Le-

bertran schlucken. Ich war ganz alleine, und da meine Mutter immer alles für uns gemacht hatte, war ich völlig unselbständig. Es war eine schlimme Zeit für mich, ich habe wirklich gelitten. Mein Vater war als Direktor bei Hapag-Lloyd nach Frankfurt am Main versetzt worden. Als ich dorthin in ein völlig neues System kam, verlor ich durch den Sanatoriumsaufenthalt den Schulanschluss und war sofort die Schlechteste. Von da an war mein Niedergang in schulischer Hinsicht vorauszusehen.

In Frankfurt wurden wir in der Schule mit dem Holocaust an den jüdischen Mitbewohnern konfrontiert. Da war ich etwa zwölf oder dreizehn Jahre alt, und es hat mich so beeindruckt, dass es mich bis heute nicht losgelassen hat. Frankfurt war durch das Finanzwesen besonders jüdisch geprägt gewesen. Durch die Schule wurde ich auch angeregt, in Museen zu gehen, so lernte ich den Dadaismus kennen. Wir entdeckten in der Zeit auch den Jazz, und wenn die amerikanischen Jazzmusiker nach Frankfurt kamen, ging ich immer zu den Konzerten. Diese Zeit hat mich geprägt, obwohl ich mich mit der Stadt selbst nie anfreunden konnte. Es gibt Strömungen und Energien, die einem nicht guttun.

Mein Vater war Kaufmann, ganz ohne kreative Einflüsse, meine Mutter Schauspielerin. Sie hatte eine typische Theaterkarriere hinter sich, als sie meinen Vater kennenlernte. Sehr bald wurde ich geboren und 1944 mein Bruder, damit war ihre Karriere beendet. Nach dem

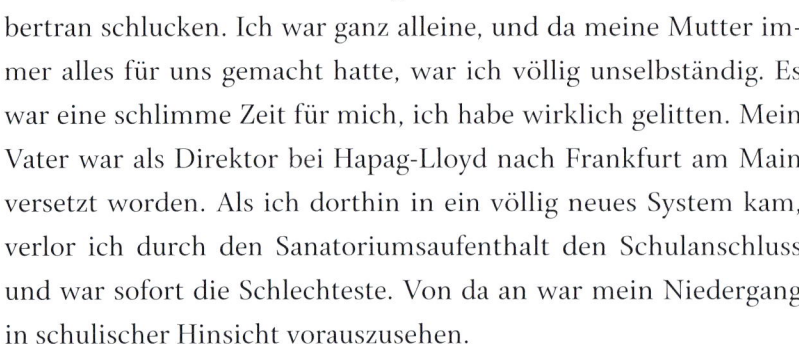

Krieg versuchte sie, noch einmal als Schauspielerin Fuß zu fassen, hatte aber kein Glück damit. Sie war total extrovertiert, und ihr Einfluss auf mich war insofern immens, als sie der Star der Familie war. Ich erinnere mich, dass sich, als sie einmal ihren in Hamburg bekannten Schauspiellehrer Eduard Marx auf der Straße traf, ihre ganze Person verwandelte und sie nur noch öffentlich war. Es war, als schmisse sie sich einen imaginären Schal um die Schultern. Mir war das sehr peinlich, und ich nahm mir vor, niemals einen solchen Auftritt zu zelebrieren. Daran habe ich mich gehalten. Sie hat unser Zuhause als Bühne benutzt, wir Kinder waren die Zuschauer. Mein Bruder hatte kreative Seiten, während sie meinte, ich sei mehr der kaufmännische Typ. So entstand innerhalb der Familie die Konstellation Mutter mit Sohn und Tochter mit Vater. Das war nicht gerade förderlich für meine Kreativität. Meine Mutter war wirklich eine schöne Frau. Sie sah aus wie Greta Garbo, war dunkel und hatte ein flächiges Gesicht, ganz das Gegenteil von mir. Ich war blond, hatte ein schmales Gesicht. Sie hat mir nie gesagt, dass ich hübsch sei. So habe ich immer gedacht, ich sei hässlich; ich hatte falsch eingehängte Beine und trug eine Brille; das Thema Schönheit war für mich gelaufen – eine starke Prägung. Die Verletzungen in der Kindheit habe ich erst durch mehrere Therapien heilen können, aber die Dreijährige, die Achtjährige, die Fünfzehnjährige behält man in sich, und es schmerzt immer noch ein bisschen.

Mein Vater riet mir nach der mittleren Reife zu einer kaufmännischen Lehre, und nach deren Abschluss tastete ich mich langsam in Richtung Kreativität vor.

Ich arbeitete zunächst an einer Famous Artist School im kaufmännischen Bereich und bewarb mich dann am Frankfurter Flughafen. Als Stewardess war ich zu groß, und ich trug eine Brille, aber ich konnte als Groundhostess anfangen. Diese Zeit war sehr wichtig für mich, ich wurde sicherer und konnte Menschenkenntnis erwerben. Da waren diese riesengroßen Räume, in denen die Leute warteten, und ich musste sie durchqueren, wenn ich zum Gate gelangen wollte, um die Leute abzufertigen. Als ich merkte, dass sie nicht vor Entsetzen in Ohnmacht fielen, wenn sie mich sahen, gewann ich Sicherheit, und allmählich lernte ich, quer durch den Raum zu gehen, ohne vor Scham im Boden zu versinken. Später arbeitete ich bei Lost and Found, wo ich mich in Menschenkenntnis üben konnte, wenn die Passagiere aufgeregt auf mich zukamen und nach ihrem verlorenen Gepäck fragten. Bald konnte ich schon von Ferne einschätzen, wie ich sie würde beruhigen können. Allmählich fand ich dann auch den Einstieg in die Werbebranche und landete schließlich in einer Werbeagentur. Jetzt fing mein Leben eigentlich erst richtig an. Dort hatte ich auch das erste Mal mit Models zu tun, die ich selber für Kampagnen anforderte, und wurde vom Grafiker oder Artdirector nach meiner Meinung zu Layout und Kampagnen gefragt, und ich lag immer richtig. Das baute mich natürlich auf. Seitdem bin ich, von ganz kurzen Pausen abgesehen, ununterbrochen in diesem Metier tätig.

Dann kam New York. Eine Freundin von mir ging zur Weiterbildung als Schauspielerin für einige Zeit zum Actors Studio Lee Strasberg in New York. Sie hatte ein großes Apartment gemietet. Ich war damals freiberuflich tätig, hatte keine Verpflichtungen und fuhr einfach mit. Ich wollte eigentlich nach drei Wochen zurückfliegen, weil sie dann Prüfungen hatte. Aber ich war berauscht von New York, benahm mich zum ersten Mal in meinem Leben richtig egoistisch und blieb einfach. Auf dem Weg zu einem Bekannten in der Lexington Avenue, wo die Werbeagenturen ansässig sind, kam mir eine Frau entgegen, guckte mich an, ging weiter, kam zurück und fragte mich, ob ich als Model arbeiten wolle. Ich war begeistert von der Möglichkeit, in New York bleiben zu können. Es wurden Tests gemacht, und die Agentur wollte mich nehmen. Ich fuhr also nach Deutschland, stellte meine Sachen unter und flog wieder zurück. Als ich zur Agentur kam, existierte sie nicht mehr – sie war inzwischen pleitegegangen. Ich wollte aber nicht aufgeben, hatte schon ein Apartment und

wollte unbedingt in New York bleiben. Da mein Vater gestorben war, hatte ich glücklicherweise ein bisschen Geld. Ich kaufte mir einen Modelagentur-Guide und klapperte eine Agentur nach der anderen ab, es gab hundertvierzig Stück. Nach kurzer Zeit konnte ich für vierzehn Agenturen arbeiten, was sehr viel war. Das Glück war mir sehr gewogen, immerhin war ich damals schon fünfzig Jahre alt.

Nach zwei Jahren ging ich zurück, weil in den USA Rezession herrschte und mit Ausländern nicht mehr gearbeitet werden sollte. Außerdem fehlte mir die deutsche Sprache. Aber hier in Deutschland dominierte der Jugendlichkeitswahn, und ich war als Model viel zu alt. Durch mein Netzwerk von früher hörte ich, dass Werner Herrwerth ein neues Seniorenmagazin herausgeben wollte. Ich kannte ihn von früher, er hatte den IKEA-Elch erfunden und war ein bekannter Werbemann. Ich traf mich mit ihm, und nach zwanzig Minuten – ich hatte ihm meine Sed Card aus New York gezeigt – meinte er: Wollen wir nicht zusam-

men eine Modelagentur für Ältere gründen? Bei mir machte es klick, und ich klatschte in die Hände und sagte: Das machen wir! Ich wusste: Das war es!

Zunächst saß ich an diesem Tisch mit einem Computer, einem Telefon, und ich als Seniormodel hatte keine Models. Mir war klar, dass ich an die Öffentlichkeit würde gehen müssen. Über meinen Bruder, der damals beim Fernsehen war, landete ich schließlich beim WDR im Nachmittagsprogramm. Sie drehten bei mir, und eine Woche später saß ich in Köln. Das Interview dauerte nur zwei Minuten, aber die haben gereicht. Mit der Ruhe in der Agentur war es vorbei, es war der reine Wahnsinn, und von da an ging es bergauf. Ich habe unglaublich viel gearbeitet, mir ein Model nach dem anderen angesehen – sie standen wirklich Schlange – und kam abends völlig erledigt nach Hause. Damals fing ich an, alles, was am Tag gelaufen war, in den Computer zu tippen, damit ich unbelastet nach Hause gehen konnte. Das hat mir geholfen. Es ist kein Buch geworden, weil der rote Faden fehlt, aber es steht alles drin, was ich erlebt habe.

Als junge Frau war ich ein Jahr Au-pair in London, da habe ich mich sehr wohl gefühlt. Damals war ich das erste Mal selbständig, und ich begann zu spüren, wer ich war. Dadurch, dass meine Mutter uns alles abgenommen hatte, uns aber trotzdem unten hielt, hatten wir keine selbständigen Persönlichkeiten entwickeln können. Ich hatte gar kein Verhältnis zu mir selbst und habe auf Menschen nur reagiert, nie agiert. Das war lange Zeit so, bis ich furchtbar krank wurde und bei Horst-Eberhard Richter eine Therapie gemacht habe. Direkt danach zog ich nach München, um von zu Hause wegzukommen. Langsam lernte ich, ich selber zu sein. Dabei halfen mir zwei weitere Therapien. Ich musste aus einem Überhaupt-nicht-vorhanden-Sein den Menschen mit seinen Fähigkeiten erkennen. Obwohl ich sehr gelitten habe, war es das Schönste, was mir je passiert ist. Die Blüte öffnete sich, und es kam etwas zum Vorschein. Plötzlich nahm ich die Umwelt ganz anders wahr, das war wunderschön.

Natürlich war ich auch in der Liebe ein Spätzünder. Erst hier in München auf den Faschingsfesten lernte ich die ersten Männer kennen. Im Haus der Kunst und im Bayerischen Hof gab es damals tolle Feste. Durch die Pille herrschte die totale Freiheit, und es gab noch kein Aids, da habe ich mich wirklich ausgetobt. Der erste feste Freund war ausgerechnet ein Fotograf aus der Werbeagentur, in der ich damals gearbeitet habe. Mit ihm zusammen habe ich ein Studio aufgebaut, und als es nach drei Jahren vorbei war, war er Millionär, und ich hatte nichts. Das ist mein Schicksal, ich mache andere Leute reich, nur mich selbst nicht. Ich habe nie geheiratet und lebe allein, bin aber nicht einsam. Und ich bin fest davon überzeugt, dass ich die beste Mutter bin, indem ich kein Kind in die Welt gesetzt habe. Das habe ich instinktiv richtig gemacht.

Ich hatte nie ein Gefühl für meinen Körper. Er war nur eine Vase, in der ich drin-

steckte. Insofern habe ich auch das Älterwerden nicht wirklich bemerkt, weil ich nie darauf geachtet habe. Außerdem war ich noch mit fünfzig mit einem so guten Aussehen gesegnet, dass ich mir deswegen keine Sorgen machen musste. Jetzt nehme ich die eine oder andere Falte wahr, aber das beunruhigt mich nicht. Kurz bevor ich fünfzig wurde, habe ich mir die Augen operieren lassen, weil die Schlupflider und die Tränensäcke so ausgeprägt waren, dass ich nicht so aussah, wie ich mich fühlte. Mehr kommt für mich nicht in Frage. Hier kommen viele Frauen herein, die geliftet sind. Manche sind gut geliftet, aber es gibt auch solche mit Schlauchbootlippen, die sich Botox unterspritzen lassen und bei denen sich im Gesicht und auf der Stirn nichts mehr regt. Die nehme ich nicht in die Agentur auf. Dieser Jugendlichkeitswahn ist absurd. Ich will den Leuten zeigen, dass man auch älter gut aussehen kann und dass sie keine Angst haben müssen. Jedes Alter hat seine Schönheiten, nur die Sichtweise muss sich ändern. Es gibt eine neue Generation, die Fünfzig- bis Siebzigjährigen. Sie sind keine Knuddelomis wie die Omis früher, sondern stehen vital mitten im Leben. Aber der Jugendlichkeitswahn steckt noch tief in den Frauen, die sich über ihr Aussehen definieren.

Lust auf Sexualität ist nach wie vor vorhanden, nur, ich kann die Männer nicht mehr ertragen. Bei mir geht alles über die Seele, nicht nur über den Körper. Aber einen Mann zu finden, mit dem ich gerne ins Bett gehen würde, der nett ist und mit dem ich mich seelisch verstehe, der müsste erst gebacken werden. Ich bin offen für alles, aber ich kann es mir nicht mehr vorstellen. Aber dieses liebevolle Umgehen, das vermisse ich manchmal.

Ich sehe es als meine Aufgabe an, die Gesellschaft vom Jugendwahn zu befreien, die Leute zu inspirieren, zu stärken und ihnen Mut zu machen. Wenn die Modelle hier hereinkommen, versuche ich herauszufinden, was für Menschen sie sind. Da gehe ich sehr tief. Ich kann ihnen raten, etwas anderes zu versuchen, anderes Make-up, andere Klamotten. Manchmal habe ich das zweite Gesicht, dann kann ich sagen, dass sie einen weißgelockten Hund zu Hause haben oder Kinder, die sie mit aufs Foto nehmen können – oder ich erkenne, wenn sie eine Krankheit haben.

Meiner Meinung nach ist die einzige Möglichkeit, gut durchs Leben zu kommen, nicht zu lügen und »sauber« zu bleiben. Das ist mir wichtig. Auch die Begegnungen mit Menschen, und wie ich mit ihnen umgehe und wie sie mit mir umgehen, sind mir wichtig. In der Gesellschaft wird häufig über Gefühle hinweggegangen, das versuche ich durch mein Verhalten zu ändern. Ich selbst bin in dieser Agentur so gut aufgehoben, das ist kaum zu fassen.

Christine Kaufmann

Jahrgang 1945, Autorin, Produzentin

Was lerne ich daraus?

Meine wirkliche Berufung ist das Bauen von Leben. Ob als Großmutter, Mutter, Freundin oder beim Bücherschreiben – ich arbeite immer an der Architektur des Glücks. Das ist letztendlich das Einzige, was wichtig ist. Das Lebensgefühl hat viel damit zu tun, ob man das innere Ziel – ich glaube nicht an äußere Ziele – erreicht hat. Ich glaube, es gibt nur Entwicklung innerhalb des eigenen Lebens und dass ich, obwohl meine Lebenssituation im Augenblick eher schwierig ist, mein Ziel innerlich erreicht habe. So viel habe ich gelernt: dass Glücklichsein und Glück nicht viel miteinander zu tun haben. Man kann sehr viel Glück haben und doch nicht glücklich sein. Viele Leute glauben, ich müsste glücklich sein, weil ich ein Kinderstar war und später Tony Curtis geheiratet habe. Weil ich diese vermeintlichen Erfolge hatte, die sich aber ganz selten mit meinem Inneren deckten. Die Außenwelt und meine Innenwelt klafften weit auseinander. Deswegen habe ich in einem Buch geschrieben, dass ich ins Älterwerden gerutscht bin wie in einen gut passenden Handschuh. Dieses Gefühl von Jungsein, von Kräftigsein, von Offensein, von Lebenwahrnehmen erfahre ich erst jetzt.

Dennoch, die letzten zehn Jahre waren für mich eine Art Fegefeuer. Ich bin völlig verblüfft und stehe eigentlich zum ersten Mal mit unglaublicher Ehrfurcht vor mir

selber, weil ich diese Jahre überlebt habe. Ich habe einen Mann geheiratet, den ich sehr nett finde, und ich respektiere ihn, aber wir passen überhaupt nicht zusammen. Es gibt ein Enkelkind, für das wir als Großeltern da sein müssen, weil es keinen Vater hat. Ich vergöttere diesen Enkel, er mich auch. Und mein Mann und ich haben, obwohl wir uns wahrscheinlich nicht lieben, eine Art Liebe entwickelt, nur um für dieses Enkelkind da zu sein. Das respektiere ich, sowohl bei ihm als auch bei mir. Ich eigne mich einfach nicht zur verheirateten Frau, jetzt, nach dieser langen Ehe, fühle ich es genau. Ich war in meinem Kopf immer alleinstehend, war immer mein eigener Mann. In jeder Hinsicht – wenn ich einen Ratschlag brauche, wenn ich eine Schulter zum Anlehnen brauche –, nehme ich meine eigene Schulter. Ich muss zuerst mit mir im Einklang sein.

Ich will erzählen, woran ich in den letzten Jahren noch gewachsen bin. Ich habe angefangen, Kosmetik zu entwickeln, verkaufe sie über Teleshopping und habe deswegen viel Neid und Missgunst erlebt. Trotzdem habe ich viel Erfolg, und die Frauen, die mit mir alt werden, vertrauen mir. Dann ist meine Mutter gestorben. Später habe ich festgestellt, dass ich als Mensch und als Frau in der deutschen Medienwelt gar nicht mehr vorkomme. Weder als Schauspielerin noch als Frau, die tüchtig ist und viel erreicht hat. Im Teleshopping zu arbeiten ist Werbung, und Werbung regiert unsere Welt. Obwohl auch ich den Konsum fördere, versuche ich, es auf seriöse Art und Weise zu machen. Dabei habe ich viel gelernt. Wir müssen beispielsweise, weil wir natürliche Produkte verkaufen, auf die Verpackungen zur Warnung Totenköpfe und Flammen drucken lassen. Ein Freund von mir, der eine große Firma in Amerika hat, sagt, dass wir in einer Diktatur des Mineralöls leben. Und ich bin ganz aus Versehen in diesen Schlamm hineingeraten, habe es aber geschafft, wie mit einer Tarnkappe halbwegs sauber zu bleiben. De facto aber habe ich eine innere Härte entwickelt, um nicht aufzugeben. Das ist mir eigentlich fremd, und ich sehne mich sehr danach, wieder meinen Panzer ablegen zu können. Doch das Geld, das ich jetzt verdient habe, verwende ich, um das Schulgeld meiner Enkel zu zahlen, um Mieten zu zahlen, um alle möglichen Menschen zu ernähren. Es macht mich seltsam stolz, dass ich das geschafft habe, und deshalb habe ich auch nicht aufgegeben.

Ich habe eine französische Mutter, und je älter ich werde, desto bewusster wird mir das. Ich habe immer gesagt, mein Herz ist deutsch und mein Verstand französisch. Eigentlich hätte ich es lieber umgekehrt, lieber französische Gefühle und deutsche Gedanken. Ich empfinde das, was ich an Deutschland liebe, wie eine Außenstehende, die nie wirklich dazugehört. Es gibt Fotos von mir als Kind, auf denen man sieht, dass ich eine Einzelgängerin war. Dieses Gruppengefühl, dieses Dazugehören, eine Frau sein, ein Mädchen sein, das alles fehlt mir. Deswegen ist die frühe Prägung meiner Kindheit die Isolation, die Einsamkeit, das Alleinsein. Mir wurden die Haare blond gefärbt. Für mich als dunkelhaariges sieben- oder neunjähriges Mädchen bedeutete das Blonde, als eine andere geliebt zu werden, nicht als ich selbst.

Ich glaube, dass diese Isolation, auch das Erleben des Ruhmes und dass ich das schon so früh analysieren konnte, mich zu einer vollkommen unpopulären Frau gemacht hat, weil ich mich auf diesen Schein, trotz des Erfolges, nie eingelassen habe. Ich bin mit den Frauen der Familie französisch aufgewachsen. Und Heimat ist die Sprache, in der man aufwächst. Mein Vater wird für mich immer der deutsche Held sein, der als Verlierer nach Hause kam und diese harte Konfrontation mit seiner Frau erlebte, die ihn geheiratet hatte, als er noch in Uniform und schön war. Diese Spannung, auch die binationale Spannung, habe ich hautnah erlebt. Ich denke, dadurch entstand diese extrem verinnerlichte Identität. Ich komme mir vor wie eine Boje, die nicht untergeht. Sie schwimmt auf dem Wasser, die Wellen kommen und gehen, auch große Stürme, die Boje bleibt. Meine Identität wurde dadurch stark, dass ich erkannte, dass die Realität der anderen nicht meine ist. Ich habe mir nie die Wirklichkeit der anderen aufzwingen lassen.

Jetzt habe ich vier Enkelkinder, ich liebe natürlich alle, aber das jüngste ist mir besonders nah. Dieser Junge, der übrigens genauso aussieht wie ich, nur mit schwarzen Augen, hat Verletzlichkeit und Einsamkeit im Gesicht, deswegen bin ich ihm ganz nah. Er ist auch wie die Reinkarnation meines Vaters. Ich sehe meinen Vater in allem, in Gesten, in dem, was er mag, was er nicht mag, diese besondere Anhänglichkeit. Erst seitdem ich dieses Enkelkind habe, erkenne ich, dass Reinkarnation vielleicht anders funktioniert, als es so fantastisch dargestellt wird, und dass wahrscheinlich jeder Mensch immer nur in irgendeiner Form eine Mischung von Onkel Harry und Tante Bertha ist.

Das Erreichen von Beweglichkeit durch tägliche Bewegung, Erhöhung der Lebensfreude durch ein Ventilieren der negativen Einflüsse, das alles ist so wichtig und so wahnsinnig schön, dass ich nie verstanden habe, warum es, wenn ich jeden Morgen tanze, Disziplin sein soll. Ich habe eher Glück, weil mir Dinge wie Zigaretten rauchen oder in Nachtclubs Alkohol trinken keinen Spaß machen. Für mich ist es aber nicht Disziplin, sondern meine Art zu leben. Ich denke, ich hätte eigentlich eher Tänzerin als Schauspielerin werden sollen. Das heißt aber nicht, dass ich Schauspielern nicht einen interessanten Beruf finde. Man darf ihn nur nicht so ernst nehmen. Es ist ein Beruf, in dem man sich verstellt – und gelegentlich Wahrheiten zulässt.

Mein Leben ist wie ein Zug, der durch viele Landschaften fährt und ab und zu hält. Das Halten ist nicht immer meins, aber wie der Zug aussieht und die Kraft des Zuges und ob er sauber ist, das ist meins. Ich glaube, dass ich mich, seit ich denken kann, nicht sehr verändert habe. Das Einzige, was ich geändert habe, sind Dinge, die ich loswerden wollte. Ich war sehr ängstlich und schüchtern. Ich war ein Kind, das sehr viel gearbeitet hat und darüber seine Identität erhalten hat. Ich bin dann in eine andere Welt übergewechselt, ich habe Tony Curtis geheiratet, weil ich nicht mehr nur die schöne Schauspielerin sein wollte. Dann habe ich die Kinder bekommen und festgestellt, dass der Mann, mit dem ich die-

sen Ausstieg gemacht hatte, mir überhaupt nicht gewachsen war, dass er ein recht infantiler Mann war, es immer noch ist. Dass er witzig, intelligent, aber im Innersten ein achtjähriger Schuljunge ist, während ich schon als Achtjährige über eine große innere Weisheit und Freiheit verfügte. Also bin ich raus aus dem Wagen, ich wollte weiter.

Die nächste Station war, nach Deutschland zurückzukommen, sehr schlecht aufgenommen zu werden, weil ich einen reichen älteren Mann verlassen hatte, und als Hippie tituliert zu werden. Ich wollte, dem Zeitgeist folgend, viel erfahren. Es war die Loslösung aus der althergebrachten katholischen Welt. Nach Indien fahren, einen Freund mit langen Haaren haben, mit Männern schlafen, weil man Lust darauf hatte, ohne das Gefühl, deshalb eine Hure zu sein. Zu erleben, dass mir Kinder weggenommen wurden, die damit verbundene Ungerechtigkeit. Aber ich habe auch gelernt, dass es immer eine Strafe gibt. Die Frau, die mir die Kinder weggenommen hat, und Tony sind so gestraft worden, dass nichts, was ich mir hätte einfallen lassen, dem hätte gleichkommen können. Ihr ältester Sohn ist im eigenen Haus an einer Überdosis Heroin gestorben. Ich denke, das ist furchtbar.

Ich war keine schlechte Mutter, ich war eine törichte Mutter, und meine Tochter Allegra sagt immer noch, wenn wir über gewisse Zeiten reden, dass sie ihre Mutter so vermisst hat. Ich habe dann innerhalb meines wilden Lebens gelernt, was normale Ansprüche sind. Jetzt kann ich einen Haushalt führen, mit Geld umgehen, ich kann planen, ich kann Geduld an den Tag legen. Und das ist vielleicht die größte und wichtigste Station, man kann mich in der Wüste aussetzen, ich komme nach Hause. Gleichzeitig kann ich auch ein gemütliches Zuhause gestalten.

Obwohl ich eine Frau bin, habe ich keine ausgesprochen weibliche Identität. Ich brauche Freunde, mit denen ich reden kann, eine geistige Beziehung ist für mich sehr wichtig. Als ich jung war, haben viele Männer mit mir schlafen wollen, egal, was man sagte, sie dachten nur an das Eine. Und deswegen sind die Freunde, die ich heute habe, überwiegend schwul.

Ich mag das Älterwerden, kann es aber schwerer ertragen an den Stellen, wo es mir meine körperliche Freiheit nimmt. Deswegen sorge ich sehr für meinen Körper. Ich habe eine chinesische Masseurin, die wunderbar ist. Solange ich kann, möchte ich geschmeidig bleiben. Ob die Brust jetzt weiter oben oder unten sitzt, das ist mir nicht so wichtig.

Ich gucke MTV, um zu schauen, was ein kleiner Junge wie mein vierjähriger Enkelsohn zu sehen bekommt, wenn er MTV guckt: nackte Frauen! Es ist wahnsinnig obszön, die Frauen werden derartig degradiert, dass man überhaupt keine Chance mehr hat, das Geheimnis der Weiblichkeit zu pflegen. Ohne Enthaltsamkeit gibt es keinen Spaß beim Sex, dann ist es ein trostloses Herumstochern, bei dem jeder ersetzbar ist. Wir waren meiner Meinung nach die einzige Generation, die Sex genießen konnte, weil Verbote aufgehoben waren, wir Männer ausprobieren konnten, ohne sofort schwanger zu werden. Ich rede aber nur von einer Zeitspanne von vielleicht zehn Jahren. Wenn ich einen Freund hatte, war ich sicher vier Jahre treu, und in den Zwischenphasen habe ich halt ein paar Bonbons aufgemacht. Aber im Großen und Ganzen ist das alles seit Aids nicht mehr möglich, weil man Kondome verwenden muss. Oder man hat eine Beziehung, in der man lange Vertrauen aufbauen muss, das geht sicherlich nur über Enthaltsamkeit.

Als Frau muss ich fordern, dass ein Mann mich erobert, und wenn er mich nicht erobern kann, dann schlafe ich nicht mit ihm. Deswegen ist es auch wichtig, sich auf Gespräche zu konzentrieren, auf gemeinsames Erleben, was zum erotischen Erleben führen kann. Ich kenne einen jungen Mann, er ist vielleicht vierunddreißig, mit dem spreche ich gern und intensiv, das ist wie Liebemachen. Es sind Gespräche, in denen sich eine Erotik des Verstehens ergibt. Das müsste wieder kultiviert werden. Man müsste wieder entdecken, was früher ganz normal war, nämlich dass man die Erotik im Nicht-Geschehen geschehen lässt. Die Erotik erfährt etwas Unendliches, wenn sie nicht gleich durch die Sexualität beendet wird. Im Prinzip könnte man jeden Mann verführen, wenn man ihm nur zuhört. Und zwar richtig zuhört, nicht nur so tut. Aufmerksamkeit, die eine Frau schenkt, garantiert ihr die Aufmerksamkeit, die sie bekommt. Das machen wenige Frauen. Sie wollen beeindrucken durch ihr Wissen und durch das, was sie alles können.

Ich denke, das Leben hat den Sinn, den man ihm täglich gibt. Die Idee der Religionen, dass man, indem man Gutes tut, ohne Lohn zu erwarten, ins Paradies kommt, ist wunderbar. Geben macht selig, das ist eine unumstößliche Wahrheit. Alle Religionen haben sinnvolle Regeln und können positiv interpretiert

werden – und in allen Religionen stehen die Frauen am Schluss. Dabei ist der Liebesakt selber fantastisch und hochreligiös. Dass daraus Leben entsteht, ist ein solches Wunder, dass ich nicht verstehe, warum die Sexualität gerade in der katholischen Kirche so verteufelt wird.

Ohne Geist gibt es keinen Körper, und es ist der Geist, der sich den Körper formt. Es ist so. Ich habe eine Freundin, sie ist über siebzig Jahre alt, es ist eine Art Auflösungslicht in ihrem Gesicht, das finde ich sehr schön. Und ich sehe natürlich meine Mutter, meine Großmutter, wenn ich mich im Spiegel sehe.

Wichtig ist für mich eine starke innere Verbindung zu einem Gefühl der Gerechtigkeit. Ich will mich nicht an ungerechten Dingen beteiligen. Das hat mit der eigenen Moral zu tun. Ich versuche es selbstverständlich mit meinen Produkten und in der Art, wie ich lebe. Ich versuche, mich nicht an Dingen zu beteiligen, die ich abstoßend und schlecht finde. Ich glaube, die größte Sünde ist

der Opportunismus. Und jetzt leben wir in einer rein opportunistischen Welt. So sieht sie auch aus.

Ich habe einmal in einem Gespräch, als ich nach einem Wunsch gefragt wurde, gesagt, ich möchte freier sterben, als ich auf die Welt gekommen bin. Und das ist immer noch mein Ziel. Auf dem Weg bin ich. Das ist der Vorteil des Alters: Ich bin alt genug, um sagen zu können, ich bin innerlich freier als früher. Das Ziel muss doch sein, dass ich mich in meiner Haut wohl fühle.

Ich mache mir viele Gedanken über das Ende. Ich arbeite daran, und ich suche einen Ort, an dem ich sterben kann. Ich möchte gerne, wenn ich sterbe, den Himmel sehen. Man muss mich finden können, soll mich verbrennen und dann eine Party machen. Das sind präzise Vorstellungen. Ich versuche, mir eine positive Vorstellung des Sterbens zu erarbeiten. Ich denke, die Menschen wollen nicht sterben, weil sie nicht gelebt haben. Wenn ich morgen sterben würde, könnte ich sagen: Ich habe fast alles gemacht, was ich machen wollte, und das Leben ganz intensiv erlebt.

Margarita Kling
Jahrgang 1944, Schauspielagentin

In jedem Anfang liegt auch eine große Hoffnung

Zu meinem guten Lebensgefühl heute tragen viele Dinge bei: Ich fühle mich geliebt und gebraucht, tue meine Arbeit sehr gern und finde sie sinnvoll und wichtig. Allerdings merke ich, dass ich schneller erschöpft bin als vor zehn oder fünfzehn Jahren. Deshalb gönne ich mir zwischendurch immer mal eine kleine Auszeit, um dann wieder voll durchpowern zu können.

Der Mauerfall war für mich ein Segen, unser Leben hat sich seitdem komplett verändert. Zu DDR-Zeiten hatte ich oft das Gefühl, eingesperrt zu sein. Natürlich haben wir versucht, unser Leben angenehm zu gestalten, sind mit unseren beiden Töchtern in Urlaub gefahren und haben mit befreundeten Familien im Sommer an der Ostsee gezeltet. Wir hatten Spaß am Leben, waren fröhlich und in gewisser Hinsicht auch zufrieden. Wir hatten uns eingerichtet. Aber das Gefühl, nicht das ausprobieren zu können, was man wirklich möchte, immer diese Grenzen zu spüren – auch im übertragenen Sinne –, das hat mich manchmal sehr traurig gemacht. Natürlich hat die neue sogenannte Freiheit auch viele Probleme mit sich gebracht, doch im Vergleich zu anderen haben wir Glück gehabt. Sicher auch, weil wir immer versucht haben, uns nicht aufzugeben. Wir konnten zum Beispiel unserer Arbeit nicht mehr so nachgehen wie zu DDR-Zeiten, und deshalb sind mein Mann und ich mit viel Kraftauf-

wand neu durchgestartet. Das war sehr, sehr aufregend, zumal wir beide nicht mehr die Jüngsten waren und viele Veränderungen nicht gleich in unser Leben einordnen konnten.

Ich habe über zwanzig Jahre lang als Kunsterzieherin an einer Schule in Potsdam gearbeitet, davon die letzten sieben im Gymnasialzweig. Das Arbeiten mit den Schülern hat mir Spaß gemacht, aber vieles war politisch reglementiert, im Lehrerberuf sicher noch mehr als in anderen Berufen. Man wurde zunehmend zu Dingen gezwungen, die man eigentlich nicht machen wollte oder die man anders betrachtete. Wir wurden politisch immer auf Linie gebracht, da waren Fragen, Widerspruch oder gar andere Ansichten nicht zugelassen. Zu Beginn der achtziger Jahre mussten wir Lehrer, egal aus welchem Fachbereich, ob Mann oder Frau, am Ende des Schuljahres drei Wochen lang das Fach Wehrerziehung unterrichten. Das hat mich sehr belastet. Es war einer der Gründe, weshalb ich meine Stelle an der Schule 1985 gekündigt habe. Diese Entscheidung ist mir

sehr schwergefallen, ich war so sehr hin- und hergerissen, dass ich die Kündigung abgab, wieder abholte und schließlich doch wieder ablieferte.

Ich entschied mich dann für die Selbständigkeit, denn sie war zu DDR-Zeiten die einzige Möglichkeit, den Reglementierungen zu entgehen. Ich hatte mich nebenher schon jahrelang als Keramikerin weitergebildet und mit meinem Mann unter größten Schwierigkeiten eine kleine Werkstatt gebaut. Auf den Brennofen haben wir über sechs Jahre gewartet, auf die Töpferscheibe mehr als drei. Als freischaffende Keramikerin hatte ich eine sehr schöne und kreative Zeit, vor allem konnte mir niemand in meine Arbeit hineinreden. Allerdings war es leider auch eine einsame Tätigkeit, wie sie meinem Naturell nicht entspricht. In der Schule hatte ich jede Menge Kommunikation gehabt, in der Werkstatt saß ich einsam und allein. Dennoch machte die Arbeit Spaß, und wenn ich den Brennofen öffnete und die Stücke herausnahm, empfand ich regelrechte Glücksgefühle. Keramik war zu DDR-Zeiten wahnsinnig gefragt. Teegeschirr, Krüge und vieles mehr, auch Plastiken, alles wurde mir förmlich aus der Hand gerissen. Ich wurde von zwei Galerien vertreten. Die Galeristen kamen zu mir nach Hause, packten die Sachen ein, bezahlten sofort und riefen drei Tage später an, um den nächsten Besuch zu vereinbaren.

Nach der Wende brach der Markt im Osten erst einmal weg. So fing ich an, in einem Kunsthaus in Potsdam – es hieß Villa Grenzenlos – Kurse für Senioren, Erwachsene und Kinder zu geben. Und dann kam mir der

Zufall zu Hilfe: Meine Töchter Anja und Gerit, die als Schauspielerinnen sehr erfolgreich waren, boten mir eines Tages an, sie zu betreuen. So begann ich, neben dem Töpfern zunächst Anja und ein Jahr später dann auch Gerit zu managen. Schon bald merkte ich, dass die beiden Berufe nicht zu verbinden waren. Man sitzt an der Töpferscheibe, dreht ein Gefäß, und dann klingelt das Telefon. Es soll ein Vertrag ausgehandelt oder eine Disposition abgestimmt werden, und man steht da mit schmutzigen Händen, redet ewig, und wenn das Telefonat endlich beendet ist, geht man an seine Töpferscheibe zurück und fragt sich: Was wollte ich eigentlich drehen? Schließlich entschied ich mich, ganz für die Agentur da zu sein und mich intensiv mit ihrem Aufbau zu beschäftigen. 1996 habe ich sie dann angemeldet und betreue seither zwanzig Schauspieler. Wenn man ihn gewissenhaft und gut machen will, ist das ein Rundumjob. Ich war ja Quereinsteiger, aber durch meinen Mann, der in der Filmbranche arbeitete, kannte ich viele Leute, und neue Kontakte ließen sich schnell herstellen. Die Agentur lief von Anfang an gut, auch dank meinen Töchtern. Durch sie hatte ich gleich einen sehr guten Einstieg.

Das Leben meiner Eltern war hart und entbehrungsreich. Sie hatten in ihrer Kindheit einen furchtbaren Krieg erlebt und später den Zweiten Weltkrieg. Sie stammten aus Bessarabien, das im russischen Moldawien liegt; ihre Vorfahren waren 1815 im Zuge der von Katharina II. begonnenen Siedlungspolitik nach Russland geholt worden. Meine Eltern lebten dort in fünfter Generation als

Weinbauern in einem wunderbaren, blühenden Land. Sie bauten ein Haus und gründeten eine Familie. Meine drei Schwestern wurden dort geboren. Meine Mutter war etwa fünfunddreißig, mein Vater zwei Jahre älter, als sie im Zuge des Nichtangriffspakts zwischen Hitler und Stalin »heim ins Reich« geholt und in Westpreußen angesiedelt wurden. Dort wurde ich 1944 geboren, und wenige Monate später flüchtete meine Mutter mit ihren vier Töchtern im Tross nach Mecklenburg.

Als mein Vater seine Familie nach griechischer Gefangenschaft 1949 bei Schwerin wiedersah, war ich fünf Jahre alt. Er kam an Heiligabend nach Hause, und schon am ersten Weihnachtsfeiertag lag er im Krankenhaus. Aufgrund der schlechten Ernährung und all der furchtbaren Erlebnisse litt er an einer schweren Magenkrankheit. Von da an war mein Vater Invalide. Dennoch hat er sich gleich 1949 aufgerappelt und einen »Neubauernhof« übernommen, Land und etwas Vieh erhalten. Auch die ehemaligen Nachbarn aus Westpreußen beziehungsweise Bessarabien wurden auf dem verlassenen Land geflüchteter Gutsherren neu angesiedelt. Alle versuchten, sich etwas aufzubauen. Aber dann kam die Kolchosierung. Die Landwirtschaftlichen Produktionsgenossenschaften (LPG) wurden gegründet, und viele, die sich nicht zwingen lassen wollten, flüchteten und gingen in den Westen. Bei meinen Eltern kam es nicht so weit, weil mein Vater so krank wurde, dass er die Landwirtschaft abgeben musste. Von dem bisschen Geld, das sie gespart hatten, kauften sie sich ein altes Mietshaus in der Nähe von Berlin, wo meine älteste Schwester inzwischen verheiratet war.

Zumindest bei meiner Mutter hatte ich immer das Gefühl, dass sie nie wieder richtig Wurzeln geschlagen hat. Mein Vater lag viel im Krankenhaus, und sie verdiente sich ein wenig Geld mit verschiedenen häuslichen Hilfsdiensten. Geld war somit immer knapp in meinem Elternhaus. Aber meine Mutter hatte ein Händchen für Pflanzen und arbeitete immer fröhlich singend in ihrem wunderschönen Garten. Dieser Garten, überhaupt die Natur, war ihr wichtig und vielleicht auch Trost für vieles Unerfüllte. Meine Eltern haben mir die Liebe zur Natur mitgegeben. Je älter ich bin, desto stärker wird sie.

Nachdem mein Mann und ich geheiratet hatten, lebten wir ein paar Jahre in Potsdam. Unsere erste eigene Wohnung in der Stadt, die wir auch noch mit den zwei Kindern bewohnten, hatte achtundvierzig Quadratmeter. Ich habe vom ersten Tag an gesagt, dass ich nicht in der Stadt, sondern irgendwo auf dem Land leben wollte. Aber wir wussten, dass wir nicht einfach ein Haus auf dem Land bekommen würden, das funktionierte so nicht. Man bekam von der Wohnungsverwaltung eine Wohnung zugeteilt. Mein Wunsch nach einem Leben im Grünen blieb jedoch ungebrochen, und eines Tages fanden wir über eine Nachbarin »unser« Haus auf dem Lande, in Wilhelmshorst, als Tauschobjekt gegen die Neubauwohnung. Es war ein simples kleines Holzhaus, aber mit parkähnlichem großem Garten. Allerdings mussten wir alles kaufen; viel lieber hätten wir, um keinen Kredit aufnehmen zu müssen, ein verwaltetes Grundstück übernommen. Was es bedeutete, über Haus- und Grundstückseigentum zu verfügen, haben wir erst nach der Wende schätzen gelernt. Erst dann allerdings konnten wir auch mehr aus dem Haus machen, schon weil es plötzlich die entsprechenden Materialien und Handwerksleistungen gab. Nach der Wende konnten unsere Töchter durch Zufall die Villa im selben Park kaufen, und seitdem leben wir mit ihnen, ihren Partnern und Kindern in guter Nachbarschaft und nutzen den großen Garten gemeinsam – für uns ein Idealzustand.

Meinen Mann habe ich sehr früh kennengelernt. Er war mein erster richtiger Freund, wir waren beide unerfahren, und ich wurde gleich schwanger. Wir waren sehr verliebt und deshalb bereit, gemeinsam eine Familie zu gründen. Wir haben wohl auch Glück gehabt, dass bisher alles gut gegangen ist.

Mit meinem Körper hatte ich nie Probleme, ich habe mich immer wohl gefühlt in meiner Haut. Heute nehme ich an mir Dinge wahr, die mir nicht gefallen. Ich versuche, dagegen anzugehen, und halte mich fit, geistig wie körperlich. Das ist nicht immer leicht, und ich habe das Gefühl, man müsste viel mehr für seinen Körper tun. Ich fühle mich immer noch gut, aber ich muss akzeptieren, dass

ich nicht mehr so gertenschlank bin wie meine Töchter. Aber hungern will ich auch nicht, denn zum Lebensgenuss gehört für mich auch mal ein Stück frischer Käsekuchen.

Die Sexualität ist immer noch wichtig, aber sie hat sich verändert. Sie ist inniger, aber nicht mehr so aufregend.

Rückblickend kann ich sagen, dass ich ein sinnvolles Leben geführt habe. Ich bin stolz darauf, was aus den Kindern geworden ist. Ich erlebe eine sehr schöne Partnerschaft. Und ich konnte meine Talente als Powerfrau einsetzen. Es ist mir ganz wichtig, etwas zu hinterlassen, auch beruflich, worauf ich stolz sein kann. Es gibt einige Grafiken und Plastiken, die mich überdauern werden, wenn es mich mal nicht mehr gibt. Jetzt macht es mich glücklich, wenn ich Schauspieler vertreten kann, auf die ich stolz bin, die ich fördern kann. Insofern ich meine Talente gut genutzt habe, kann ich sagen, dass ich ein ausgefülltes Leben führe.

Ich brauche die Arbeit, sie ist mein Lebenselixier. Sie hält mich fit, und das macht mich glücklich. Mein Mann erinnert mich öfter an gemeinsame Reisepläne für die Zeit nach dem Ende unserer Berufskarrieren. Aber ich denke, das Leben ist schön, so wie es ist. Wenn ich hier bin, in meinem Büro, in meinem Haus, und meine Arbeit so machen kann, dass sie mich nicht zu sehr stresst, befriedigt mich das sehr. Und wenn ich dann am Abend in den Garten gehe, meine Enkelkinder sehe, wir noch gemeinsam etwas unternehmen und in großer Runde Spaß haben, spüre ich deutlich: Schöner kann es nicht sein. Da denke ich dann: Ach, lieber Gott, lass die Zeit anhalten, damit wir das noch lange genießen können! Es ist ein ganz großes Glück, so zu leben, wie wir es tun.

Das echte Altwerden versuche ich weitestgehend zu verdrängen. Eine berühmte Schriftstellerin hat mit neunundachtzig Jahren einmal gesagt, dass sie heute erkennt, dass sie mit sechzig Jahren in der Jugend des Alters war. Damit kann ich mich gut identifizieren und lebe diese Zeit entsprechend intensiv.

Ich bin kein spiritueller Mensch, ich bin ganz geerdet. Aber ich finde es heute schade, dass wir zu DDR-Zeiten so wenig mit Religion in Berührung gekommen sind. In der Schule haben wir so gut wie nichts darüber gehört. Wenn man mehr erfahren wollte, musste man sich schon selbst darum bemühen.

Ich möchte noch lange so weiterleben wie bisher. Voller Aktivitäten, umgeben von meiner Familie und viel Liebe und Zuwendung, von schweren Krankheiten möglichst verschont bleiben und anderen nicht zur Last werden.

Eske Nannen

Jahrgang 1942, Geschäftsführerin der Kunsthalle Emden

Und wenn Du denkst
es geht nicht mehr,
dann kommt von
irgendwo ein Lichtlein her.

Mein Leben ist immer noch spannend und interessant, das erfüllt mich mit großer Dankbarkeit.

Ein liebevolles, wunderbares Elternhaus schuf meine Lebensbasis, meine Sicherheit. Dieses starke Gefühl der Verbundenheit und das Aufwachsen in einer großen Familie waren für mich lebensprägend. Später war ich viel unterwegs, aber ich wusste immer, wenn ich irgendwo, ganz gleich, wo auf der Welt, in Not gerate, würden meine Eltern mich herausholen. Wir waren reformierte Protestanten, und so bin ich dazu erzogen worden, mich um andere Menschen zu kümmern.

Während des Krieges war meine Mutter mit meinen zwei älteren Brüdern und mir als Baby bei einem Bauern in Hessen evakuiert. Im Mai 1945 kamen wir nach Emden zurück, und ein paar Jahre später baute mein Vater unser Haus, wo ich eine unbeschwerte, glückliche Kindheit verbrachte. Ich war etwa dreizehn Jahre alt, als meine Eltern mit meinem Bruder und mir mit dem Auto nach Rom reisten. Diese erlebnisreiche Reise hinterließ unvergessliche Eindrücke und war sicher der Auslöser für meine spätere Reiselust und mein Fernweh.

Mein Vater war Böttchermeister und führte eine gut gehende Fassfabrik. Er war Präsident der Handwerkskammer und Mitglied verschiedener Gremien. Meine

Mutter war eine äußerst gepflegte Frau. Sie hätte zum Beispiel nie eine braune Handtasche zu schwarzen Schuhen getragen. Wir hatten immer ein gastfreies Haus, man war morgens ab zehn Uhr bereit, Gäste zu empfangen. Zur Tradition einer ordentlichen Handwerkerfamilie gehörte es, sich um die eigenen Leute zu kümmern. Noch heute habe ich Kontakt zu einem früheren Mitarbeiter; da er damals noch ohne Familie war, kam er Weihnachten zu uns. Es ist eine schöne Geschichte, wie wir ihn kennengelernt haben: Mein Vater hatte Ende der vierziger Jahre eine goldene Uhr verloren. Er hatte eine Anzeige aufgegeben, und es meldete sich ein Bauernknecht, der wirklich nichts besaß, und gab die Uhr ab. Von da an arbeitete er bei uns in der Fabrik.

Ich erlebte eine sorglose Jugend mit Reiten und Tennis. Ich hatte zwar Probleme in der Schule, aber ich erinnere mich genau, dass ich, als ich das erste Mal in einen Jungen verliebt war, dachte: Glücklicher kannst du eigentlich nicht sein. *Nach der Schule war ich als Au-pair in England.* Das war eine kulturell ungeheuer bereichernde Zeit. Eine Freundin aus Emden war mit mir dort, und wir fuhren jeden Donnerstag nach London. Ich habe Konzerte mit Herbert von Karajan in der Royal Festival Hall und Hindemith noch persönlich erlebt, habe die Museen besucht. Danach wollte ich eigentlich nach Paris, meine Mutter meinte aber, ich sollte zuerst ein bisschen Haushalt lernen. Also kam ich auf ein Töchterpensionat nach Heidelberg. Nach einer kaufmännischen Lehre arbeitete ich bei den Thyssen-Nordseewerken hier in Emden in der Öffentlichkeitsarbeit.

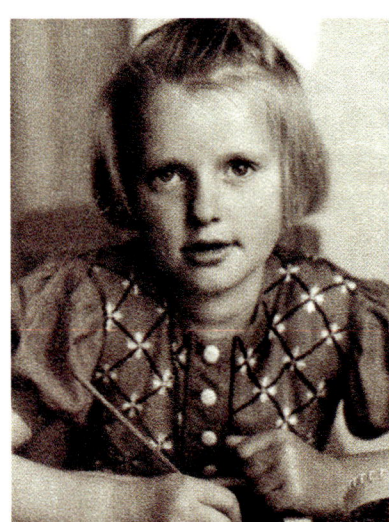

Ich war zuständig für die Organisation der Stapelläufe und Probefahrten, mit manchmal bis zu fünfhundert Leuten. Ich war Anfang zwanzig und sehr begeistert von meiner Aufgabe. Ich erfuhr, was sich später immer wieder bestätigt hat: Das Leben wird durch menschliche Begegnungen bereichert. *Als Anerkennung für gute Arbeit wurde mir eine Reise auf einem Schiff geschenkt.* Ich reiste mit der alten »Odin«, die auch einige Passagierkabinen an Bord hatte, ins Mittelmeer. Es sollte nach Civitavecchia, dem Hafen von Rom, und dann nach Melilla in Marokko gehen. Im Hafen von Civitavecchia lag ein anderes Schiff, die »Seven Seas«, und ich erfuhr, dass sie eine schwimmende Universität mit deutscher Besatzung und amerikanischen Studenten war, die Weltreisen unternahmen. Das faszinierte mich, und ich setzte alle Hebel in Bewegung, um auf diesem Schiff arbeiten zu können. Man sagt mir nach, wenn ich etwas möchte, bin ich hartnäckig. Schließlich hatte ich tatsächlich einen Job auf dem Schiff. Ich bekam mit einer anderen jungen Frau aus Hamburg zusammen eine Innenkabine und arbeitete in der Zahlmeisterei. Das Schöne war, dass der Zahlmeister-Chef Ostfriese war und wir während der ganzen elf Monate, die ich an Bord war, täglich unsere Ostfriesenteestunde zelebrierten. Die erste Reise ging nach New York, es kamen neue Studenten an Bord, und dann fuhren wir übers Mittelmeer. Es war alles spannend und unvergesslich: Lissabon, Marseille und Civitavecchia, danach durch den Panamakanal. Ich war Mitte zwanzig und hatte das berauschende Gefühl, die Welt stünde mir offen! Als ich zurückkam, löste ich in beiderseitigem Einvernehmen meine Verlobung mit einem Pastorensohn aus Emden, einem Juristen.

Nach Zwischenstationen auf Norderney und auf der Emder Werft wurde ich Vorstandssekretärin bei den Howaldswerken Deutsche Werft. Später übernahm mein Chef die Leitung der Kieler Werft, einer Werft mit zehntausend Leuten, und ich folgte ihm. Obwohl mein Herz immer Hamburg gehörte, zog ich nach Kiel. Es war ein sehr interessanter Job, auch weil ich einen so angenehmen Chef hatte. Mit ihm und seiner Frau stehe ich noch heute in Kontakt. Im Urlaub übernahm ich wieder die Reiseleitung auf verschiedenen Schiffen, um mir Geld für das Studium an einer Journalistenschule zu verdienen.

Einmal ging die Reise nach Usbekistan, und da kam ein Passagier namens Ebert an Bord. Es war Liebe auf den ersten Blick, und ich habe diesen Mann noch auf dem Schiff geheiratet. Ich bin zwar immer noch spontan, aber eine solche Entscheidung kann ich mir heute nicht mehr vorstellen. Als ich meine Eltern von Istanbul aus anrief, sagte mein Vater nur: »Ja, mein Kind. Dann alles Gute.« Mein damaliger Mann wohnte und arbeitete in Berlin, also zog ich 1970 dorthin. 1972 wurde Bernd geboren. Im Oktober 1981 habe ich mich, nach immerhin elf Jahren Ehe, getrennt. Andere Ehen halten nicht so lange, und meiner Ehe verdanke ich meinen wunderbaren Sohn. Ich wollte dann eigentlich nach Hamburg ziehen, aber mein Sohn hing sehr an meinen Eltern, und so gingen wir im Herbst 1981 nach Emden. Mein Vater wurde sehr krank, und Henri Nannen, ein enger Freund, übernahm die letzten vier Wochen Nachtwache bei ihm. Mein Vater starb im Februar 1982. Henri bereitete zu der Zeit eine Ausstellung über »Russische Malerei« vor, die durch deutsche Kunstvereine wanderte. Er überlegte, sie auch in Emden zu zeigen. Das brachte ihn auf die Idee, seinen Bildern in seiner Vaterstadt Emden ein Haus zu bauen.

Ich hatte Henri mein ganzes Leben lang gekannt, wir hatten immer Kontakt gehabt. Er war für mich der große, viel bewunderte Onkel Henri. Als mein Vater so krank war, kümmerte er sich rührend um ihn. Er war mit siebzig Jahren noch ungeheuer attraktiv, doch in erster Linie war es Henri Nannens Persönlichkeit, die mich immer beeindruckt hatte. Er verkörperte für mich – eine Frau, die zwar elf Jahre Ehe hinter sich, aber nicht das große Glück gefunden hatte –

auch ein Stück Heimat. Er war meine ganz große Liebe, und die Zeit mit ihm war ein kostbares Geschenk. Wir blieben zusammen und brachten die Kunst nach Emden. Er ist seit zehn Jahren tot, aber noch sehr intensiv in meinem Leben präsent.

Sicher war es damals zunächst so, dass nicht alle mir zutrauten, die Kunsthalle alleine zu führen. Henri hatte zwar in fast jedem Interview gesagt: »Ich hätte das ohne meine Frau nie gemacht, und wir haben es zusammen aufgebaut.« Aber eigentlich wollten die Leute das nicht hören. Bei einer Preisverleihung erklärte er öffentlich: »Ich lege das Werk in die Hände meiner Frau, und ich bitte Sie alle, ihr zu helfen.« Für mich war die Situation durch die Krankheit von Henri in seinem letzten Jahr natürlich besonders schwer zu meistern. Ich war in der Kunsthalle gefordert und hin- und hergerissen zwischen meiner Aufgabe dort und der Sorge um meinen lieben Mann. Aber er war nie allein, dafür sorgte ich mit Unterstützung meines Vetters und von Freunden. Es war eine schwere Zeit, aber es war auch eine reiche und wichtige Zeit. Ich habe von Henri in unserer Beziehung sehr viel gelernt. Seine Altersweisheit, seine menschliche Art haben mir ungeheuer viel gegeben. Als es ihm schlechter ging, hat er sich ganz auf mich verlassen, und ich konnte ihm voller Liebe viel zurückgeben.

Mein Sohn Bernd hat Kunstgeschichte studiert, promoviert und arbeitet jetzt bei den Staatlichen Museen in Berlin. Er erlebte den Aufbau der Kunsthalle von Anfang an hautnah mit, er war es, der den Anstoß für die Einrichtung der Malschule gab. Wir verstehen uns sehr gut.

Freundschaften sind mir sehr wichtig. Mit meiner Freundin Annegret telefoniere ich täglich. Aber mein Leben dreht sich naturgemäß hauptsächlich um die Kunsthalle. Sie ist mein Lebensinhalt. Ich bemühe mich, wichtige Dinge im Team zu regeln, ständig im Gespräch mit meinen Leuten zu bleiben. Besonders intensiv mit Ilka Erdwiens, meiner engsten Mitarbeiterin, die später in meine Fußstapfen treten soll. Ich lebe für die Kunsthalle und bekomme auch sehr viel zurück. Meinen Geburtstag habe ich auf Mauritius gefeiert, und als ich Sonntagnacht zurückkam, hatten meine Mitarbeiter angedeutet, ich müsste unbedingt Montag um sechzehn Uhr in die Nolde-Lounge kommen. Da waren alle versammelt: die Malschüler, die Museumspädagogen, es waren sicher siebzig Leute. Jeder hatte etwas mitgebracht, der eine Salat, der andere Kuchen, der andere Brot. Unser wissenschaftlicher Leiter, Doktor Ohlsen, überreichte mir ein Handtuch, mit meinem Namen bestickt, und einen Gutschein für das Schwimmbad, die Kollegen von der Malschule übergaben mir einen Orden und meinten, da ich zum Opernball gehen werde, hätten sie einen Tanzlehrer engagiert. Einer von der Mannschaft war ausgelost worden, mit mir den Wiener Walzer zu tanzen, und danach haben alle anderen getanzt. Ich war sehr gerührt und fühlte mich reich beschenkt.

Ich denke, unsere Aufgabe hier auf Erden ist es, aus unserem Leben etwas zu machen – jeder mit den Möglichkeiten und der Kraft, die er hat. Ich habe Probleme damit, wenn jemand die Hände in den Schoß legt und jammert, dass die Welt so schlecht sei. Es kommt immer wieder ein Fünkchen Sonnenschein, daran glaube ich als unverbesserlicher Optimist fest. Ganz wichtig ist der Austausch mit anderen Menschen und sich immer wieder auf neue Situationen einzulassen. Das erlebe ich als eine große Herausforderung und auch als Glück.

Das Älterwerden macht mir noch keine Probleme. Allerdings muss ich nach zwei Bandscheibenoperationen vorsichtig sein. Ich möchte ja noch einiges erleben. Zum Beispiel vier Wochen Australien oder Vietnam, Kambodscha, schaffe ich das noch? Wenn ich an mein Pensum vom letzten Jahr denke, in dem ich jede Woche zwei, drei Tage unterwegs war, kann ich sehr zufrieden sein und hoffen, dass es mir weiter so gut geht.

Für das Alter habe ich alles geregelt. Es ist mir wichtig, dass ich weiß, wie es mit der Kunsthalle weitergeht. Was vielleicht Krankheit oder Gebrechlichkeit angeht, habe ich mir auch Gedanken gemacht. Wenn ich einmal bettlägerig bin oder nicht mehr gut laufen kann, würde ich mein Schlafzimmer von oben nach unten verlegen und oben jemanden wohnen haben, der mich betreut. Was ich mir auch gut vorstellen kann, ist, dass man im Alter mit anderen zusammenzieht.

Ich glaube an eine höhere Macht. Ich bete auch zu Gott, und wenn ich von einer Reise heil nach Hause komme, dann danke ich ihm. Ich habe immer vor Augen, dass nicht alles selbstverständlich ist. Ich würde ungern ein Pflegefall werden und den Menschen, die um mich herum sind, lange zur Last fallen, aber ich habe nicht unbedingt Angst vor dem Tod, ich weiß ja nicht, wie er ist. Ich hatte bisher schon ein reiches Leben, darüber bin ich froh und dankbar. Und wenn man etwas hinterlässt, das man an sein Kind weitergeben kann, ist es doch wunderbar.

Julia Onken

Jahrgang 1942, Psychologin, Autorin

Aus der Fülle des Lebens schöpfen

Die tiefste Prägung erfuhr ich wahrscheinlich durch meine Mutter. Sie war Fabrikarbeiterin und musste das Geld für die ganze Familie verdienen, ohne Krankenversicherung, ohne Ferien. Das Leben war also vollkommen ungesichert, und trotzdem hat sie es geschafft, mir ein Gefühl des Grundvertrauens zu vermitteln. Bis ich elf, zwölf Jahre alt war, habe ich alles, was mich beschäftigte, mit ihr besprochen, und sie hörte mir stets mit größtem Interesse zu. Ich war ein offenes Buch für sie und habe mich in dieser Situation sehr wohl gefühlt. Es war ein intensiver und wahrhaftiger Austausch, eine Qualität, die für mich bis heute bei Freundschaften maßgeblich ist. Es liegt mir fern, etwas zu verheimlichen, ich spekuliere nicht, ich verschweige nichts. Meine Mutter hat mir den Zugang zu mir selbst ermöglicht. In diesem Zusammenhang ist mir eine Geschichte in Erinnerung geblieben: Einmal habe ich als Kind offenbar erzählt, ich hätte auf der Straße einen Elefanten gesehen. Die anderen Kinder bezichtigten mich der Lüge. Als ich meiner Mutter davon erzählte, versuchte sie mir zu erklären, dass es so etwas wie eine innere und eine äußere Realität gibt, und die innere sei eben für andere nicht wahrnehmbar. Sie zweifelte keinen Moment daran, dass in mir das Bild eines Elefanten existiert hatte. Ich sei keine Lügnerin, sondern ein Kind mit viel Fantasie, und das sei ein besonderer Reichtum.

Als Kind war ich viel alleine, was ich sehr genossen habe. Am Abend holte ich meine Mutter am Fabriktor ab, und dann hatte sie Zeit für mich, und ich konnte ihr alles erzählen, was sich am Tag ereignet hatte. Ich wuchs als Jüngste fast wie ein Einzelkind auf. Mein Vater war dreißig Jahre älter als meine Mutter und hatte aus erster Ehe bereits vier Töchter, die etwa im selben Alter waren wie sie. Für meine Mutter war das nicht einfach, und sie litt immer wieder an de-

pressiven Verstimmungen. Sie selbst hatte ein uneheliches Kind, das viel älter war als ich und beim Vater lebte. Meine richtige Schwester ist sieben Jahre älter als ich. Für meine Geschwister war ich absolut uninteressant, ebenso für meinen Vater. Aber ich hatte die Mutter für mich allein; das entschädigte mich. Sie interessierte sich für mich, und zwar bis ins hohe Alter. Selbst als sie schon nicht mehr gut sehen konnte, versuchte sie, meine Bücher zu lesen, klebte Zettelchen hinein und wollte wissen, wie ich die Stellen gemeint hätte.

Mein späterer Beruf, die Psychotherapie, war mir früh vertraut. Ich hatte schon mit drei Jahren begriffen, dass man mit bestimmten Worten ein Gemüt erhellen kann. Und ich konnte beobachten, wie sich die Stimmung meiner Mutter verdüsterte, wenn mein Vater etwas sagte. Die wichtigste Erfahrung war wahrscheinlich, dass auf ihrem Gesicht die Sonne aufging, wenn ich ins Zimmer kam. Dieses Gefühl – wenn ich komme, dann geht die Sonne auf – habe ich noch heute, wenn ich Vorträge halte. Das ist mein Grundkapital. Natürlich bin ich nicht so vermessen zu denken, dass überall die Sonne aufgeht, wenn ich auftauche. Es gibt immer Leute, die finster schauen, aber daran störe ich mich nicht, ich sehe sie einfach nicht an.

Zu den wenigen positiven Erinnerungen an meinen Vater gehört, dass ich von ihm einen sehr unkomplizierten und direkten Umgang mit dem lieben Gott gelernt habe. Ich war ein sehr frommes Kind, das fleißig in die Kirche ging. Allerdings bin ich dann aus diesem religiösen Selbstverständnis herausgekippt. Meine Freundin war protestantisch, und ich war katholisch. Wir begleiteten einander ganz selbstverständlich in die jeweiligen Kirchen. Aber eines Tages predigte ein katholischer Pfarrer, dass alle anderen, also alle, die nicht katholisch sind, Ungläubige seien. Das empfand ich als eine derartige Unverfrorenheit gegenüber dem Gast, den ich mitgebracht hatte, dass ich zu meiner Freundin sagte: Komm, wir gehen! Und dann sind wir erhobenen Hauptes aus der Kirche gegangen. Das war sicher ein Schnitt in meinem Leben. Dieses Erlebnis hat es mir fast unmöglich gemacht, den Weg zurück zu finden, und ich hatte niemanden, mit dem ich darüber sprechen konnte.

Meine Identitätsfindung als Frau war äußerst schwierig, denn ich habe sehr früh wahrgenommen, dass meine Mutter – diese Frau, die mir so viel bedeutete, die so tüchtig war, so liebevoll – im engeren Familienkreis und auch außerhalb der Familie ein entwerteter Mensch war und sich in diese Rolle auch fügte. Als ich kleiner war, konnte ich das natürlich nicht klar formulieren. Ich wusste nur, dass die Rolle, die meine Mutter spielte, für mich nie in Frage kommen würde. Die Pubertät war deshalb eine sehr schmerzhafte Zeit, in der ich mich von meiner Mutter distanzierte. Ich fühlte mich immer im Zwiespalt. Einerseits war ich ihr zugetan, andererseits musste ich mich abgrenzen. Ich fühlte mich wie ein führerloses Schiff, ohne Orientierung. Ich habe mich dann stärker an Frauen orientiert, die in der Gesellschaft wahrgenommen wurden, und das waren Frauen, die erotisch etwas zu bieten hatten. Also musste ich mein Äußeres erotisch aufrüsten, was einer ungeheuren Selbstentfremdung gleichkam. Man sucht und bekommt Anerkennung nur aufgrund seines Äußeren, innerlich verhungert man. Wenn ich Komplimente bekam, hätte ich am liebsten losgeheult. Ich wollte doch nicht hören, dass ich für einen Mann be-

gehrenswert war, weil er meinen Busen geil fand. Ich wollte als Mensch wahrgenommen werden.

Durch meinen quasi nicht vorhandenen Vater war mir die Resonanz durch einen Mann fremd, dennoch hungerte ich immer danach. Diesen Zusammenhang habe ich erst viel später begriffen. Männer waren für mich nur da, um mir das Gefühl zu geben, begehrt zu werden, und um diesen ständigen Schmerz, diesen Phantomschmerz »Vater«, ein bisschen zu mildern. Das führte dazu, dass ich viele oberflächliche, mehr oder weniger intensive Männerbeziehungen hatte.

Ich hatte keine Orientierung und eierte ein bisschen in der Weltgeschichte herum. Das Einzige, was mir Halt gab, waren die griechischen Tragödien. Ich interessierte mich sehr für das Theater, und beim Lesen dachte ich, dass ich ja so ähnliche Probleme von zu Hause kannte. Somit hat mich eigentlich die Literatur über Wasser gehalten, von ihr fühlte ich mich ein bisschen begleitet.

Ein einschneidendes Erlebnis war die Geburt meiner Tochter. Da verstand ich die Welt nicht mehr, weil ich mir nicht vorstellen konnte, dass aus mir so ein Wesen entstehen konnte. Plötzlich war ich Mutter eines Kindes, und es liegt vor mir, so heil und zufrieden und schön. Ich konnte mich an das Wunder kaum gewöhnen. Das Kind hatte auch einen Vater, der dann mein Ehemann wurde. Er eierte genauso herum. Es waren die Achtundsechziger, und wir haben uns eigentlich in diesem Suchen, in dieser Ratlosigkeit gefunden. Viele offene Fragen und keine Antworten – das hat uns zusammengeschweißt. Er studierte zuerst Ingenieurwesen, dann Psychologie. Wir lernten uns in der Psychologie kennen, sie war etwas, das uns verband. Wir redeten stundenlang darüber, wie der Mensch am besten lernt. Das Kind bewahrte mich eine Zeitlang vor quälenden Sinnfragen. Ich war beschäftigt, ja überfordert, aber es fühlte sich gut an, etwa ein halbes Jahr lang. Dann kamen wieder Fragen nach dem Sinn des Lebens und ob es jetzt immer so weitergehen würde. Ich war hungrig nach Wissen, wollte mehr über die Welt erfahren, und irgendwann kam das zweite Kind.

Der nächste entscheidende Einschnitt war die Scheidung. Es gibt ein Märchen, das heißt »Das Mädchen ohne Hände«. Der Vater sagt zu seiner Tochter, er müsse ihr die Hände abhacken, weil er sie als Pfand abgeben müsse. Das Mädchen lässt es zu, und der Vater sagt: Ich werde sowieso für dich sorgen, es wird dir an nichts fehlen, und bindet ihr die Arme auf dem Rücken fest. Irgendwann will sie in diesem Haus nicht mehr bleiben und geht auf Wanderschaft. Sie kommt

ins Reich der Tiere, und hier wachsen ihre Hände wieder nach. So kam mir auch meine Situation vor. Ich wusste plötzlich, dass ich in diesem Haus nicht mehr würde bleiben können, und zog mit meinen Kindern aus. Da sind auch meine Hände wieder »nachgewachsen«, und die haben angefangen zu schreiben. Dieser Auszug war einerseits fürchterlich und schmerzhaft, er war auch verbunden mit Existenzängsten, andererseits hatte ich dieses jubilierende Gefühl: Jetzt entscheide ich und verlasse mich auf mich selbst. Ich merkte, wie viel Energie und Kraft in mir steckten, aber ich war auch erschrocken, weil ich spürte, wenn ich das nicht zur Entfaltung gebracht hätte, hätte es mich zerstört.

Die wichtigste Veränderung war also, bei mir anzukommen und zu entdecken, was alles in mir steckt. Das war zum Teil sehr schmerzhaft. Ich hatte zum Vater meines geschiedenen Mannes eine sehr innige Beziehung. Als wir uns kennenlernten, sagte er, jetzt hätte er endlich eine Tochter, und ich dachte: und ich einen Vater. Ich habe ihm viel zu verdanken, weil er mich in vielen Lebensfragen ernst nahm. Mit der Scheidung geriet diese Beziehung in Schwierigkeiten, und das war das eigentlich Schmerzhafte daran. Insbesondere war es schwer für mich, wenn Weihnachten die Kinder abgeholt wurden, um zu den Schwiegereltern zu fahren, während ich allein in der Wohnung hockte. Im Nachhinein kann ich sagen, dass ich, als ich beinahe zugrunde gegangen wäre, anfing, aus mir zu schöpfen; es war also gut, dass es so gekommen ist. Aber zum damaligen Zeitpunkt war es sehr schwierig, auch finanziell. Wie viele Frauen machte auch ich die Erfahrung, dass vom einst so großzügigen Ehemann nichts mehr übrig war.

Ich hatte gar keine andere Wahl, als erfolgreich zu werden. Aus diesem Erleben heraus erwuchs mir die Solidarität mit anderen Frauen. Ich schrieb Bücher und gründete das Frauenseminar. Ich wusste zwar nicht, wie man eine Schule ohne Geld gründet, aber mir war klar, ich würde es tun. Freunde sagten: Spinnst du? Hast du schon einen Businessplan entworfen? Und einen Kredit aufgenommen? Solche Dinge waren nicht unproblematisch, aber irgendwie fühlte ich so deutlich in mir, dass ich das tun musste, dass ich lernte, meiner inneren Stimme treu zu bleiben, auch wenn alles dagegen sprach.

Mein jetziger Partner unterstützt mich in allem. Wir sind seit fünfundzwanzig Jahren zusammen, und eigentlich hat sich in unserer Beziehung nicht viel verändert. Wir sind noch immer sehr unvernünftig und setzen Ideen um, von denen sich später oft herausstellt, dass sie doch nicht so toll waren. Unsere Beziehung war früher schwieriger, weil ich andere Vorstellungen hatte als heute. Und ich dachte tatsächlich, dass ich ihn so würde verändern können, wie es mir passte. Das hat er mir aber tüchtig vermasselt, das ging einfach nicht. Ich musste lernen, ihn so zu nehmen, wie er ist. Er macht es ebenso. Wenn ich ihm von neuen Plänen erzähle, etwa dass ich zusammen mit einer Modedesignerin selbst einige Modelle entwerfen will, sagt er nicht: Hast du dir das auch gut überlegt?, sondern: Aha, wie interessant, erzähl mal. Er ist auch mein erster Kritiker, ich lese ihm alle Texte vor und beobachte, wie er reagiert. Wenn er aufsteht und sich einen Kaffee holt, weiß ich, die Passage ist zu lang. Er ist entspannt und spekuliert nicht; was er sagt, kommt eins zu eins rüber. Das ist etwas sehr Schönes. Ich werde nirgends eingeengt. Wir sitzen zu Hause zusammen und gehen miteinander aus. Beides ist für mich etwas sehr Kostbares. Ganz wichtig ist natürlich seine Beziehung zu meinen Töchtern. Er liebt sie, und sie lieben ihn. Und wir können wunderbar miteinander reden, in der Offenheit, wie ich mit meiner Mutter gesprochen habe.

Das Älterwerden ist nicht einfach. Es wäre gelogen und nicht wahrhaftig, wenn ich sagen würde, es sei unproblematisch. Ich empfinde es als eine große Herausforderung, dem älter werdenden Körper gegenüber wohlwollend zu bleiben und es ihm nicht übelzunehmen, dass gewisse Stellen nicht mehr so sind wie früher. Es sind Lebenslektionen, die eine Botschaft haben, und ich muss die Botschaft verstehen lernen. Die wichtigste Botschaft ist, dass sich in mir alles frühlingsfroh und jugendleicht anfühlt, aber wenn ich in den Spiegel schaue, stimmt das Bild nicht mit diesem Gefühl überein. Diese Diskrepanz muss ich als Lektion verstehen lernen. Sie heißt, dass das Innere des Menschen etwas Ewiges an sich hat und nicht Veränderungen unterworfen ist und dass das Äußere, das Körperliche, die Zeichen der Veränderung trägt und nach außen dokumentiert. Das heißt für mich, dass ich lerne, in das Ewige zu investieren und nicht in das Vergängliche. Wenn ich auf dieser Ebene bin, ist das Älterwerden des Körpers kein Problem mehr. Dann spüre ich, was von innen kommt, und ich glaube, ich war noch nie so glücklich in meinem Leben wie jetzt. Ich habe das Gefühl, dass ich aus der Fülle schöpfe und mich am Wunder des Lebens nicht sattsehen kann.

Die Sexualität verändert sich, und ich empfinde die Veränderung beinahe als ein Geschenk. Die Sexualität hat mich nie besonders umgetrieben. Es war viel Theater dabei: Sexuelles Erleben wirklich genießen können würde ja voraussetzen, dass

man bei sich zu Hause ist. Ich kann mir nicht Gedanken darüber machen, ob ich den Bauch noch ein bisschen mehr einziehen oder noch ein bisschen verführerischer lächeln muss, und gleichzeitig dabei etwas fühlen, das geht einfach nicht. Ein richtiges sexuelles Begehren habe ich mit etwa vierzig erfahren, mit meinem jetzigen Partner. Jetzt beim Älterwerden merke ich, wie sich das Gewicht verlagert. Sinnlichkeit ist mir extrem wichtig geworden. Eigentlich erlebe ich erst allmählich wieder bewusst sinnliche Genüsse, die ich als Kind kannte, wie zum Beispiel, barfuß über eine Wiese zu springen, ein Katzenfell zu streicheln oder mit

dem Finger eine Teigschüssel auszulecken. Sexualität verliert die Ausschließlichkeit. Sie weitet sich aus zu Sinnesfreuden. Einen schönen Menschen anschauen, auch eine schöne Frau, das tut meiner Seele gut.

Mein Lebensziel? Ich will ein paar Zeilen aus dem Rilke-Gedicht »Ich lebe mein Leben in wachsenden Ringen« zitieren. An einer Stelle heißt es da: »Ich kreise um Gott, um den uralten Turm, / und ich kreise jahrtausendelang; / und ich weiß noch nicht: bin ich ein Falke, ein Sturm / oder ein großer Gesang.« Dass ich eines bin, entweder ein Falke oder ein Sturm oder ein großer Gesang, das ist gewiss, und ich möchte mein Tun gar nicht selbst analysieren, sondern ich spüre, dass ich Menschen erreiche. Ich denke, ich habe eine bestimmte Fähigkeit, Gedanken zu analysieren und sie in Worte zu fassen, in Büchern oder Vorträgen, und davon ist sicher einiges für andere Menschen brauchbar, was es ihnen wiederum ermöglicht, ihren eigenen Weg ein bisschen besser zu erkennen. Ich denke auch, dass man solche Begabungen nutzen muss. Das will ich gern tun, und ich spüre, dass ich in dieser Berufung stehe, die ich nicht benennen kann. Aber ich will sie erfüllen, und ich will sie gut erfüllen und solange ich kann. Das ist mein Lebensziel.

Grundvertrauen begleitet mich auch, wenn ich an mein Alter denke. Wenn ich auf mein Leben zurückschaue, kann ich nur sagen: Es scheint, als ob ein guter Plan am Werk wäre, und vermutlich reicht dieser Plan bis an mein Lebensende. Wobei ich keine Vorstellungen habe, wie er aussieht. Ich werde alles so annehmen, wie es kommt.

Ich bin ein tiefreligiöser Mensch, nicht kirchlich orientiert, aber für mich ist diese Rückbindung selbstverständlich. Ich bin davon überzeugt, dass es eine Art göttlicher Schöpfungsintelligenz gibt, aus der wir geschaffen sind und zu der wir auch wieder zurückkehren. Ich denke viel über den Tod nach. Das Leben hört mit dem Tod nicht auf, sondern es transformiert sich. Ich arbeite an einem neuen Projekt für Menschen ab fünfundsechzig. Das Ziel besteht darin, ältere Menschen zu begleiten, neue innere Räume zu erschließen und einzugemeinden: Entwicklung bis zum letzten Atemzug.

Ich habe durch das Älterwerden etwas in mir gefunden, das ich als Mitte bezeichnen möchte. Wenn ich mit dieser Mitte in Kontakt bin, dann ist in mir ein umfassendes Ja zum Leben. Das löst ein Glücksgefühl aus. Ich wünsche mir natürlich, dass es mir immer mehr gelingt, in diesem Mittelpunkt zu verweilen und ihn als einen sicheren, verlässlichen Ort begreifen zu lernen und zu bewahren.

Mirjam Pressler

Jahrgang 1940, Schriftstellerin, Übersetzerin

*Wenn das Glück kommt,
muss man ihm einen
Stuhl hinstellen.*

Mirjam Pressler

Mein Lebensgefühl hat sich mit dem Älterwerden sehr verändert. Ich fühle mich wohl, bin fröhlicher und entspannter. Ich hatte vor zwölf Jahren Brustkrebs, und die Überwindung dieser schweren Krankheit hat sicher dazu beigetragen, dass ich jetzt gelassener bin, als ich es je zuvor war. Die Gewichtungen haben sich verändert. Vieles, was mich früher ungeduldig und aufbrausend werden ließ, spielt keine große Rolle mehr, wie zum Beispiel äußerer Erfolg. Mir ist mein Alltag viel wichtiger: dass ich keinen Streit habe, dass ich mich in meiner Umgebung wohl fühle, dass alles in Harmonie ist.

Eine große Erleichterung ist auch die Tatsache, dass ich nicht mehr die Verantwortung für meine Kinder trage, die erwachsen sind und ihr eigenes Leben führen. Auch dadurch leben wir heute so ruhig, wie wir es früher nie hatten. Wenn ich nicht auf einer meiner vielen Lesereisen bin, schreibe ich ganz geregelt täglich ein Pensum. Glücklicherweise ist Genio, mein Partner seit dreißig Jahren, jetzt in Pension, und er kümmert sich um das Einkaufen und das Essen. Er hält mir wunderbar den Rücken frei, das ist für mich sehr angenehm.

Nachdem wir zwölf Jahre lang in einem ländlichen Dorf gewohnt haben, sind wir gerade in die Kleinstadt Landshut gezogen. Wir haben uns gut überlegt, wohin wir ziehen. Auf dem Dorf wohnten wir ohne jede öffentliche Verkehrsanbin-

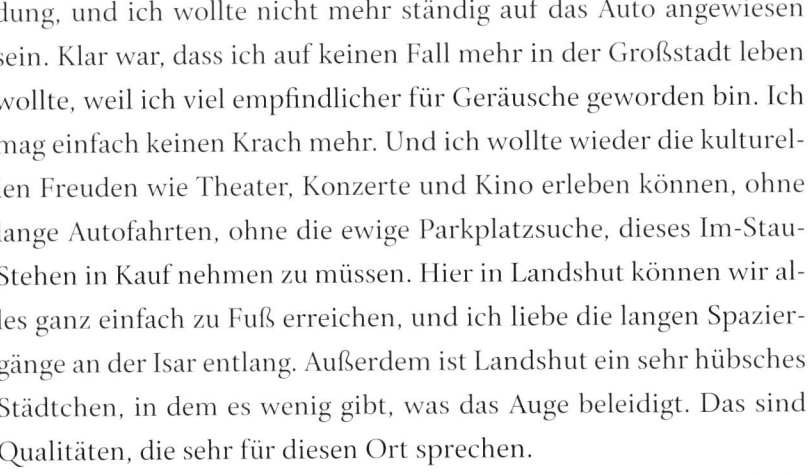

dung, und ich wollte nicht mehr ständig auf das Auto angewiesen sein. Klar war, dass ich auf keinen Fall mehr in der Großstadt leben wollte, weil ich viel empfindlicher für Geräusche geworden bin. Ich mag einfach keinen Krach mehr. Und ich wollte wieder die kulturellen Freuden wie Theater, Konzerte und Kino erleben können, ohne lange Autofahrten, ohne die ewige Parkplatzsuche, dieses Im-Stau-Stehen in Kauf nehmen zu müssen. Hier in Landshut können wir alles ganz einfach zu Fuß erreichen, und ich liebe die langen Spaziergänge an der Isar entlang. Außerdem ist Landshut ein sehr hübsches Städtchen, in dem es wenig gibt, was das Auge beleidigt. Das sind Qualitäten, die sehr für diesen Ort sprechen.

Meine ersten zehn Lebensjahre verbrachte ich in absoluter Armut und sehr unschönen Verhältnissen. Ich wuchs bei Pflegeeltern in Süddeutschland auf, die außer mir noch ihre vier eigenen Enkel aufzogen. Sie waren alle ein bisschen älter als ich, und ich fühlte mich als fünftes Rad am Wagen. Das war keine glückliche Kindheit, auch wenn wir in einer wirklich schönen Gegend wohnten, aber das habe ich erst später wahrgenommen. Als Kind sieht man so etwas nicht, doch bin ich ganz sicher, dass mich diese Natur auch geprägt hat und mir vielleicht deshalb eine schöne Umgebung heute so wichtig ist. Ich war fünf Jahre alt, als der Krieg zu Ende war, und die Nachkriegszeit war furchtbar und bestimmend. Es war die Zeit des Hungers und der Entbehrungen, zu den seelischen Entbehrungen kamen auch noch die äußeren.

Die wichtigste Prägung jedoch war für mich das Lesen. Ich habe es sehr früh gelernt und von da an immerfort, wann immer ich einen freien Moment hatte, gelesen. Und zwar alles, was mir in die Finger kam. Die Bücher eröffneten mir andere Welten, denn in den Geschichten war alles ganz anders, als es bei uns in der Realität war. Die Menschen in den Büchern haben anders geredet, anders gedacht. Da, wo ich aufgewachsen bin, hat man gar nicht geredet. Es wurde geschimpft und befohlen.

Mit dem Schreiben habe ich spät begonnen – erst mit neununddreißig habe ich mein erstes Buch veröffentlicht. Ich war immer sehr visuell orientiert und wollte eigentlich eine große Malerin werden, wollte malen und zeichnen, darum habe ich Kunst studiert. Aber dann habe ich geheiratet, drei Töchter geboren und war bald wieder geschieden. Um für die Kinder sorgen zu können und Geld zu verdienen, eröffnete ich einen Jeansladen. Als der Laden mir nach acht Jahren gekündigt wurde, musste ich mir etwas Neues überlegen, und da habe ich angefangen zu schreiben. Dass ich dachte, ich könnte damit Geld verdienen, zeigt, wie naiv ich damals war. In meiner Jugend gab es für Kinder nur die paar Klassiker, wie mein Lieblingsbuch »Huckleberry Finns Abenteuer« oder »Elke« und »Pucky« und natürlich »Nesthäkchen«. Wer viel gelesen hat, musste spätestens mit zwölf Jahren zu den Erwachsenenbüchern übergehen, weil es nichts anderes mehr zu lesen gab. Dass sich das verändert hat, habe ich erst gemerkt, als meine eigenen Töchter anfingen zu lesen. Da hatte ich zum ersten Mal diese realistischen Kinder- und Jugendbücher in der Hand. Sie haben mir so gut gefallen, dass ich dachte, ich könnte irgendwann auch mal so ein Buch schreiben. Das fiel mir wieder ein, als ich mir überlegen musste, womit ich Geld verdienen könnte. Wie wichtig das Schreiben für mich wurde und wie viel Spaß es mir machte, merkte ich erst, als ich damit angefangen hatte.

Gleich mit dem ersten Buch landete ich einen Volltreffer. Es hieß »Bitterschokolade« und bekam noch als Manuskript den Oldenburger Jugendpreis. Das war
ein großes Glück, besser konnte es nicht beginnen. Von da an sprudelten die
Geschichten nur so aus mir heraus, und ich schrieb ein Buch nach dem anderen. Ich konnte zu Hause schreiben, was mit den Kindern gut zu vereinbaren
war, auch wenn es in der Wohnung chaotisch war. Erst mit dem fünften oder
sechsten Buch hemmten mich die Ansprüche, die ich inzwischen an mich selber stellte, und ich musste sie mit Disziplin umschiffen. Es fing an, schwieriger
zu werden, aber ich kann mir dennoch keinen besseren und schöneren Beruf
für mich vorstellen und möchte nichts anderes machen.

Ich habe das Glück, dass ich zusätzlich übersetze. Wenn ich ein Buch fertiggeschrie-
ben habe, ist plötzlich die Zeit nicht mehr strukturiert, und eigentlich könnte
ich in ein großes Loch fallen, weil ich so lange und intensiv daran gearbeitet
habe. Aber glücklicherweise warten dann immer Übersetzungen, die liegen-
geblieben sind. Während des Schreibens kann ich nichts anderes machen, ich
kann immer nur an einer Sache arbeiten. Auch das Übersetzen fasziniert mich.
Wichtig ist dabei die Kompetenz in der Muttersprache. Wenn wir ein Buch
oder eine Geschichte lesen, sind es ja nicht nur die Wörter, die wir wahrnehmen, wir lesen doch auch das, was zwischen den Zeilen steht, und das sollte
nach Möglichkeit erhalten bleiben. Man kann es nicht an etwas Greifbarem
festmachen, es ist eine Sache des Gefühls. Und man muss Bücher lieben. Ich
habe Bücher schon immer geliebt und kann mich wirklich auf die Geschichten
einlassen, was sicher die Voraussetzung für eine gute Übersetzung ist. Die Wörter zu übersetzen ist nicht die Schwierigkeit, aber die Atmosphäre des Buches
in der neuen Sprache entstehen zu lassen, das ist wichtig – und das eigentlich

Wunderbare. Die meisten Übersetzungen mache ich aus dem Hebräischen. Ich kann nicht sagen, dass ich es bevorzuge, denn es ist sehr schwer zu übersetzen. Sehr viel schwerer als Niederländisch zum Beispiel. Aber ich bekomme mehr Aufträge aus dem Hebräischen, und ich habe sehr gute Autoren, die ich wirklich gerne übersetze.

Hebräisch habe ich in Israel gelernt. Nach dem Kunststudium in Frankfurt habe ich in einem Kibbuz gelebt und wollte eigentlich für immer dort bleiben. Die Idee der klassenlosen Gesellschaft gefiel mir gut; kein Oben, kein Unten, alles geschieht miteinander, es gibt kein Privateigentum. Aber ich konnte damals keine Form von Kontrolle aushalten, wahrscheinlich auch die Form von Disziplin nicht. Ich war einfach nicht richtig erzogen und musste feststellen, dass ich überhaupt nicht reif für ein solches Leben war. Darum bin ich wieder weggegangen.

Echtes Sozialverhalten habe ich erst später durch meine Kinder gelernt. Das Kinderkriegen war für mich ganz wesentlich. Ich bin selber mit sehr viel Gewalt aufgewachsen, das liegt natürlich an der sozialen Schicht, in der ich lebte. Bei meinen Kindern wollte ich es ganz anders machen. Ich habe sie nie geschlagen, kein einziges Mal. Nicht, dass ich glaube, dass ein Klaps einen großen seeli-

schen Schaden verursacht. Ich hatte nur solche Angst davor, in eine Automatik des Schlagens hineinzurutschen, dass ich es nie getan habe. Dass ich fähig bin, Verantwortung für jemanden zu übernehmen, dass ich überhaupt an andere denke, das habe ich erst durch meine Kinder und durch die Mitarbeit und die Diskussionen im Kinderladen gelernt.

Die Ehe mit dem ersten Mann musste schiefgehen. Es hatte sicher auch mit meiner damaligen sozialen Unfähigkeit zu tun. Als wir uns kennenlernten, waren wir sehr jung und hatten beide Defizite, die sich gut ergänzten. Aber als wir älter wurden, ging es nicht mehr, und wir mussten uns trennen. Ich war dann geschieden und alleinerziehend. Der Alltag war organisatorisch nicht so schwer, weil ich mit den Kindern in einer WG wohnte. Schwer war, dass ich alle Entscheidungen allein fällen musste.

Inzwischen lebe ich seit über dreißig Jahren mit einem wunderbaren Partner zusammen. Wir wohnten zuerst mit den Kindern in einer Wohngemeinschaft zusammen, dann alleine, auch noch mit den Kindern, das hatte aber durchaus noch Wohngemeinschaftsqualitäten. Als die Kinder nach und nach aus dem Haus gegangen waren, nahmen wir zunächst eine Frau mit Kind auf, und vor zwölf Jahren zogen wir aufs Dorf und haben zum ersten Mal richtig alleine zusammengelebt. Ich hatte mir vorher große Sorgen gemacht, wie es werden würde, aber es war viel leichter – und schöner –, als ich gedacht hatte. Genio war etwas eher aufs Land gezogen, und als ich hinterherkam, wurde ich bald krank, ich bekam Brustkrebs.

Diese Krankheit war eine sehr einschneidende Zäsur in unserem Leben. Ich habe den Knoten in der Brust beim Duschen bemerkt, als ich auf Lesereise war. Und irgendwie war mir sofort klar, was es war. Auf der Heimfahrt hatte ich ein seltsames Erlebnis. Während des Autofahrens dachte ich plötzlich: Na und, ich hatte doch ein schönes Leben. Es ist, wie es ist. Und war plötzlich ganz ruhig und eins mit mir. Dieses Gefühl war sehr stark, aber es hat natürlich nicht lange vorgehalten. Dennoch war es eine sehr schöne Erfahrung, die mich ungeheuer froh gemacht hat.

Dann kam eine schlimme Zeit: das erste Mal zum Arzt gehen, die Diskussion, ob die Brust entfernt werden sollte oder nicht. Die ganze Familie hat diskutiert. Ich war so unsicher, konnte mir das alles nicht vorstellen. Ich fragte Genio, und er antwortete wunderbarerweise: Du, ich liebe dich mit und ohne Brust. Du

sollst das machen, was besser für dich ist. Aber wie sollte ich wissen, was besser war? Schließlich half mir die Assistenzärztin, als der Arzt gerade draußen war: Lassen Sie es brusterhaltend machen. Sie ist übrigens eine gute Freundin geworden. Also war es eine brusterhaltende Operation. Ein Jahr lang ging es mir furchtbar schlecht, mit Strahlentherapie und Chemotherapie und dem ganzen Theater. Genio hat mich die ganze Zeit hingebungsvoll gepflegt, während ich eigentlich nur herumgelegen habe, ich konnte nicht lesen, konnte gar nichts tun – es ging mir nur mies. Ja, und dann ging es mir allmählich stetig besser. Diese schwere Zeit gemeinsam durchzustehen, das hat uns beide sehr stark verbunden und unsere Beziehung auf eine andere, innigere Stufe gehoben.

Meine Kinder sind mir nach wie vor sehr wichtig. Die Sorgen haben sich in der Qualität geändert. Ich kann wirklich sagen, das ist ihr Leben. Die Enkelkinder sehe ich gerne und höre ihnen gerne zu, wenn wir telefonieren, aber ich fühle mich nicht für sie verantwortlich. Das ist der große Unterschied.

Frauenfreundschaften haben in meinem Leben immer eine ganz große Rolle gespielt. Nach der Scheidung zum Beispiel bin ich zunächst mit einer Frau zusammengezogen. Sie hatte auch ein Kind, und wir haben unsere Kinder gemeinsam versorgt. So konnten wir beide Geld verdienen. Mit ihr zusammen bin ich dann in eine Wohngemeinschaft gezogen, und wir waren viele Jahre lang sehr eng befreundet. Dann reiste sie nach Indien, und ich habe schon seit über zwanzig Jahren nichts mehr von ihr gehört. Mit meiner besten Freundin, die auch gerade in Indien ist, aber nur zu Besuch, habe ich immer wieder schöne Gespräche nachts am Küchentisch. Wir haben viel Zeit zusammen verbracht, waren auch schon gemeinsam im Urlaub. Doch, Frauenfreundschaften sind mir sehr wichtig.

Das Älterwerden genieße ich, und mit jedem Jahr, das vergangen ist, geht es mir besser. Seit meiner Krankheit spielt es keine Rolle mehr, ob ich eine Falte da oder dort habe, damit kann ich gut leben. Ich glaube, es hat mir geholfen, dass ich schon fünfundfünfzig Jahre alt war, als ich Krebs bekam. Es ging ums Überleben, und ich musste nicht wie andere Frauen vor dem Spiegel stehen und bei jeder neuen Falte verzweifeln. Und bestimmt liegt es auch daran, dass ich einen liebevollen Partner an meiner Seite habe, der mich so liebt, wie ich bin.

Für die Zukunft wünsche ich mir, dass alles so bleibt, wie es ist. Ich will noch schöne Bücher schreiben. Ich wünsche mir natürlich, dass ich Prüfungen gut bewältige, etwa wenn ich wieder krank werde. Dass ich, wenn ich sterbe, es in Würde ertragen kann. Mein alter Traum mit dem Haus am Meer hat sich erledigt, ist ausgeträumt.

Ich bin nicht religiös, und ich glaube nicht wirklich an den Sinn des Lebens. Ich glaube, dass man geboren wird und leben will. Ich denke, dass man das Leben so leben soll, dass man niemandem unnötig wehtut. Auch dass man selber einigermaßen zufrieden ist, seine Talente nicht verschleudert und dass man sich freuen kann. Ja, einfach die Freude – sie ist für mich der Sinn des Lebens. Und ich weigere mich, Freude gegen Leid aufzurechnen. Wenn man Kinder in die Welt setzt, soll man versuchen, Verantwortung für sie zu übernehmen und sie zu vernünftigen Menschen zu erziehen. Ich denke, dass jeder Mensch einen gewissen Einfluss auf seine Umgebung hat, auf die Leute, die er kennt. Dass die Art, wie ich bin, Kreise zieht. Und meine Aufgabe ist es, eher Freude zu bereiten, als zu verletzen oder zu schaden.

Ich habe früher nie geglaubt, dass ich so alt werde, wie ich jetzt bin, und glaube auch jetzt nicht, dass ich richtig alt werde. Als ich krank wurde und an meinen Tod gedacht habe, war eine meiner Überlegungen, dass ich auf eine Art sterben will, die meinen Kindern zeigt, dass Sterben zum Leben gehört, dass auch der Tod ein Teil des Lebens ist. Ich bin durch ein Buch von Simone de Beauvoir, »Ein sanfter Tod«, darauf gekommen. Es ist bestimmt dreißig Jahre her, dass ich es gelesen habe, aber ich habe es nie vergessen. Damals hatte ich zum ersten Mal das Gefühl, dass Sterben wie Geborenwerden ist.

Sabine Reichel

Jahrgang 1946, Autorin

... Soviel wie möglich lachen ...

In meinem turbulenten Leben, das ich zur Hälfte als Emigrantin in Amerika verbrachte, tauchten bei mir erst mit fünfzig solche überraschten Gedanken auf wie: Ach so, du wirst älter, das ist ja interessant! Und es wurde mir plötzlich klar, dass ich mir nun wohl nicht noch fünfzehn neue Berufe würde ausdenken können und das Hin- und Herflippen ein Ende hatte. Ich wechselte die Stadt und zog von New York nach Los Angeles. Mit etwa Ende fünfzig fiel ich dann in ein großes Loch der Verzweiflung, Ratlosigkeit, Traurigkeit und habe zum ersten Mal diese existenziellen – und auch archetypischen – Ängste zugelassen. Nach dem Motto: Was soll mir groß passieren? hatte ich früh traditionelle Wege und Sicherheiten aufgegeben, und jetzt wurde mir plötzlich bewusst, dass ich nicht mehr zurückkonnte. Amerika gefiel mir nicht mehr, meine Eltern waren alt, das war der Anstoß, nach dreißig Jahren wieder nach Deutschland zu gehen. Ich gebe ungern zu, dass ich mit dem Älterwerden doch nach einer gewissen vertrauten Umgebung, meiner eigenen Kultur, meiner Sprache strebe. Es gefällt mir nicht, aber ich nehme es an.

Das bewusste Älterwerden ist ja ein Abschiednehmen von bestimmten Ideen, von einem Selbst-Image. Die existenziellen Fragen, die wir uns als junger Mensch stellen – was wird aus dir, welche Art Persönlichkeit; was für ein Familienleben suchst

du dir aus, welche Wege gehst du? –, dieselben Fragen scheinen sich mir noch einmal ab sechzig zu stellen. Bei dieser Neudefinition bin ich wohl jetzt angelangt. Einen Teil dieser Ängste – überstehe ich das Alter in Würde, mit Humor, muss ich meine Ideale verraten? – habe ich heute noch. Allerdings macht die Frage nach der neuen Lebensform das Ganze auch interessant.

Ich habe tatsächlich radikale Elemente in mir, ich kann wegschmeißen, weil ich Ballast nicht schätze. Und ich bin von der Mentalität her Reisende, bin Besucherin, so habe ich mich immer empfunden. Das hat traurige Züge, weil man sich nie total zu Hause fühlt, es hat aber viele Vorteile, weil es in sich die Art Freiheit birgt, die ich immer gesucht habe. Das nehme ich sehr ernst, und da ist

mein Mut am größten. So wusste ich plötzlich sehr genau, dass ich nach Deutschland zurückgehen musste.

Ich kam zuerst nach Berlin, zog aber dann, auch wegen der alten Eltern, nach Hamburg. Natürlich war mir die Ironie, dass ich als Sechzigjährige in meine Heimatstadt »zurückkomme«, nicht entgangen. Bei den Freunden fand ich teils halb, teils ganz geöffnete, aber auch geschlossene Türen. Wenn man weggeht, lässt man immer etwas zurück, das ist ein bisschen bitter; und wenn man wiederkommt, ist man jemand Neues für die anderen. Du besitzt eine Art von Exotik und hast eine Erfahrung gemacht, mit der die Wenigsten mithalten können. Das birgt die Gefahr, ein Außenseiter zu werden. Du erlebst Enttäuschungen, aber auch neue Begegnungen, du wirst in ein neues Leben geworfen und kannst nur offen sein für das, was kommt.

Ich bin das klassische Produkt der Nachkriegszeit, sehr stolz darauf und auch dankbar. Ich bin froh, dass ich diese ganz spezifische Ära – die fünfziger Jahre als Kind, die sechziger und siebziger Jahre als junge Frau – erleben durfte. Das waren ideale Zeiten für meine individualistische Persönlichkeit, denn ich bin ein Aufbruchsmensch, extrem neugierig, hatte schon als Kind Pioniergeist. In einer anderen Ära wäre ich eingesperrt, verbrannt, erschlagen worden. Aus heutiger Sicht war diese arme Nachkriegskindheit mit ihrer Fantasie, dem Unbeaufsichtigtsein, dem Abenteuerlichen, der Sozialisierung auf der Straße für mich optimal. Dazu dieses unfertige, eigentlich

SABINE

auch schwierige, von Schuld und
Dumpfheit und Dunkelheit be-
ladene Deutschland. Das habe
ich sehr wohl gespürt.

*Mein Elternhaus war im gehobenen
Mittelstand angesiedelt.* Mein Vater war überzeugter Antinazi. Er
war Sozialdemokrat, eher Pazi-
fist, das habe ich sicher von ihm,
das Freche und Aufrührerische.
Er war als junger Mann Schauspieler, dann Regisseur und
Werbechef bei der »HÖRZU«

und komponierte in seiner Freizeit Schlager. Alles war schick, schicke Mutter, schicker, gutaussehender Vater, immer Partys zu Hause und tolle Gäste,
sehr interessant. Wir waren die absoluten Knaller in einem popeligen Umfeld.
Drumherum spießige Muttis in Kitteln, Omas und Kriegsteilnehmer mit nur
einem Bein oder Lederhand und Glasauge. Meine Mutter ist Litauerin, Flücht-
ling. Sie hat sehr viel geweint und konnte nie wieder zurück. Das hat uns Kinder stark geprägt. Sie war erfindungsreich, nähte die Vorhänge selber, konnte
Stühle beziehen, sich in drei Stunden ein Kleid nähen und sah bildschön aus.
Meine Bereitwilligkeit, mein Land aufzugeben, kommt sicher daher, dass ich
eine Flüchtlingsmutter hatte. Die fünfziger Jahre waren tatsächlich, wie das
Klischee es will: oberflächlich gesehen saugemütlich, aber natürlich brodelte es
darunter. In den sechziger Jahren brach der Aufruhr aus, und wir haben ihn voll
ausgelebt. Das war eine optimale Art des Menschwerdens, des Aufwachsens.
Reiner Luxus.

Ich bin ohne Krieg groß geworden, und das war mir als junger Erwachsener sehr
bewusst, denn als Kind waren da die Heimkehrer, Lumpensammler, Scheren-
schleifer, Kohlenklauer. Das Wort Karriere war in meinen Kreisen natürlich
ein schmutziges Wort, aber die Berufswelt stand uns offen. Arbeitslosigkeit
existierte nicht, sie rissen sich um uns. Wir verkörperten diesen neuen mo-
dernen Freiheitsanspruch, auch die Rebellion – die wir ausführten, was unsere
Eltern nie getan hatten. Ihre erstickten Schreie haben wir ausgestoßen, des-

halb war es in Deutschland so radikal. Das hat mich geprägt, auch wenn mein Hintergrund privilegiert und nicht so deutsch-spießig war. Gott sei Dank, denn so hatte man ja auch etwas Internationales, was mir sehr wichtig war. Wir waren hübsche Mädchen, wurden dann auch mal Models, meine Schwester und ich. Mit sechzehn trug ich nur Schwarz, schwarze Sonnenbrille, Rollkragenpulli, las Brecht und hörte Jazz. Ich war eine deutsche Existenzialistin.

Bei uns zu Hause ging es durchaus traditionell zu, der Vater hatte das Sagen, die Großeltern wohnten um die Ecke, waren sehr gläubig, gingen sonntags in die Kirche. Es war aber auch sehr frei, wir waren alle Musikfreaks, und ich war ein absoluter Rock-'n'-Roll-Fan, schon als Kind. Die Kehrseite war, dass meine Eltern eine eher unglückliche Ehe führten, sich sehr oft zankten. Das hat mich natürlich geprägt. Das Opfer in der Familie war meine begabte Mutter, sie durfte nicht arbeiten, typisch für die fünfziger Jahre.

Ich war keine besonders gute Schülerin, ich bin den Sonderweg gegangen, mein Leben lang. Ich wusste sehr früh, dass ich Journalistin werden wollte. Ich wollte die große Wahrheit in die Welt hinausposaunen, sehr altruistisch und unschuldig, und ich war sprachbegabt. Also wurde ich sofort nach der mittleren Reife rasende Reporterin beim »Hamburger Abendecho«, einem alten SPD-Blatt. Ich war die Jüngste in der gesamten Redaktion und repräsentierte die neue Generation, durfte über alles schreiben, was neu war. Ich wurde die Pop-Maus, die Musikreporterin. Es war die Zeit der britischen Bands nach den Beatles, und ich saß fast jeden Abend im Star Club. Ich nahm meinen Job sehr ernst und habe den Beruf der Redakteurin von der Pike auf gelernt. Ich war sehr modebewusst und eitel und habe mir die tollsten Klamotten selbst genäht. Natürlich hatte ich den kürzesten Minirock, gerne auch mit weißen Stiefeln und passender Mütze dazu. Ich war »die kleine Reichel« (und das bei ein Meter zweiundsiebzig) – man wurde damals noch mit »Fräulein« angeredet – und zuständig für alles Hippe, Witzige.

Dann war ich Reporterin – sie nannten mich sogar Star-Reporterin – bei der »Bild am Sonntag«, ich wurde viel nach London, ins swinging London, geschickt. Dort habe ich die tollsten Leute interviewt, mich mit Twiggy, dem Model, angefreundet, bin zum Steppunterricht gegangen. Ich bekam Riesengeschichten, und man sagte mir, ich könnte toll schreiben. Aber da fing bereits eine gewisse Langeweile an. Ich empfand mich schon nach drei Berufsjahren als etabliert. Ich hatte bereits mit zweiundzwanzig einen Sättigungsgrad erreicht und dachte: Immer so weiter, das kann es nicht sein. Es war inzwischen das Jahr 1968, und das Land veränderte sich. Ich lebte als eine der Ersten in sogenannter wilder Ehe mit einem interessanten Mann, einem Filmemacher. Eine glückliche Zeit, aufregend und spannend und lustig, wir saßen alle herum und redeten. Dann wurde es engagierter, und ich hasste plötzlich meinen Job bei der »Bild«-Zeitung und Springer sowieso. Ich schloss mich den Protesten vor dem Springerhaus an, wurde gesehen und flog raus. Darauf war ich sehr stolz. Ich wollte nicht wieder ins sogenannte normale Berufsleben zurück. Um mich herum waren viele Künstlerleute, die frei waren. Alles brach auf und auseinander, und ich fühlte mich als sehr typische Vertreterin meiner Generation stark zugehörig. *Die neuen Zeiten waren angebrochen, dieser Strudel erfasste uns alle und riss mich mit.* Wir hatten alle Probleme mit unseren Familien, jetzt hatten wir eine neue Familie, daher auch die Großfamiliengründungen und die Kommunen. Ich habe mich in den Strudel geschmissen und meine Karriere weggeworfen. Um Geld zu verdienen, arbeitete ich als Model. Ich war sehr emanzipiert, auch als Freundin, habe nie gebügelt, keine Wäsche gewaschen für die Freunde, eben nicht die Servicenummer, nach dem Motto: Mach doch selber. Alle rauchten Pot bis zum Umfallen. Das war nichts für mich, es war mir zu vernebelt. Aber ich wollte unbedingt in einer Kommune wohnen. Dann habe ich meine Modelkarriere, die sehr gut lief, auch abgehakt. Immer habe ich, wenn ich on

top war, wenn mir alle Türen offenstanden, sie mit einem großen Knall zugeschlagen. Das ist ein Thema, das mir manchmal im Rückblick Magen- und Kopfschmerzen bereitet.

Die fast vier Jahre in einer Kommune waren die merkwürdigsten in meinem Leben. Dieses Leben widersprach auf den meisten Ebenen meinem Freiheitsgefühl. Es war alles gemeinschaftlich, es gab einen Topf mit Geld, in den hineingelegt wurde, auch meine Modelgage. Das ging nicht lange gut, und bald hatte ich wieder ein Konto bei der Dresdner Bank. Aber es war wohl etwas an dieser Konstellation, was ich lernen wollte oder glaubte, lernen zu müssen. Es gab regelmäßig Gruppentalk, man wurde gnadenlos auseinandergenommen. Ich hatte eine gewisse Arroganz und fand immer, dass ich den Durchblick hätte. Andererseits wurde ich sehr viel angegriffen, weil ich eine freche Klappe hatte. Im Bereich der Sexualität war es die Ära des Experimentierens. Es gab die Antibabypille, die ich natürlich auch nahm, und eine Feminisierung der Männer. Dadurch bekam alles einen verspielten Charakter. Dass sich die Problematik einer Zweierbeziehung zwischen Frauen und Männern wahrscheinlich seit Adam und Eva nicht verändert hat, nie ändern wird, habe ich natürlich auch gemerkt. Es gab Eifersucht, denn du konntest mit jedem ins Bett gehen, wenn dir danach war. Ich war immer sehr selbstbewusst und habe bestimmt weniger Blessuren davongetragen als andere Frauen. Durch die Kommune habe ich tatsächlich einige Dinge gelernt. Außer, dass ich pinkeln kann, wenn dreihundert Leute zugucken, bin ich durch diese wirklich exzessiven Gruppentalks gezwungen worden, mich noch klarer und eindeutiger auszudrücken und zu verteidigen.

Anfang der siebziger Jahre änderte sich die Situation. Von den Baader-Meinhof-Aktivitäten grenzten wir uns ab, und der Traum war vorbei. The dream is over, wie John Lennon sang, und das fand ich dann auch. Die Sixties hatten keine positive Veränderung gebracht und eskalierten mit der RAF, man spürte die Enttäuschung, und ich hasste Deutschland. Wir wurden von den alten Nazis ja immer schwer verhöhnt: Euch haben sie vergessen zu vergasen. Es war eine große Ratlosigkeit, Enttäuschung bei der Suche nach dem Neuen, auch nach der neuen Frau, nach dem Sinn des Lebens. Wie kann man es anders machen?, das war immer das Leitmotiv von mir persönlich und meiner Generation generell. Ich fragte mich, wie es weitergehen sollte. Hier wollte ich nicht bleiben.

Ich war immer amerikanisiert, war einmal in New York gewesen, und plötzlich wusste ich, ich musste nach New York. Ich gab alles in Hamburg auf, meine Eltern lebten bereits in Mallorca, kam an und wurde gleich Modedesignerin. Aus irgendeinem Grund wollte ich nicht Journalistin bleiben und Korrespondentin werden oder so. Ich suchte mir zunächst das Leichtere aus, das Amüsante. Ich habe mir eine Nähmaschine geliehen, eine Firma angemeldet, tolle Röcke genäht und wurde schnell erfolgreich. Aus diesen ersten drei Röcken wurden zehn und aus zwei Jacken vier und mehr, mehr, mehr. Es war 1976, '77, '78. Das Business mit den Klamotten wurde immer größer, da kriegte ich Panik. Ich dachte: Oh Gott, das wird jetzt richtig groß, also »angepasst«. Eine Firma wollte Millionen in mich hineinpumpen, mich aufbauen als einen New-hot-Designer. Ich bangte um meine Freiheit. Und so habe ich über Nacht mit allem aufgehört. Völlig irrsinnig. Ich lernte sofort tolle Männer kennen, der erste war Künstler. Er sagte: I am Jewish. Das verstand ich gar nicht, wieso jüdisch, er ist doch Amerikaner.

Diese neuen jüdischen Freunde, auch Frauen natürlich, waren der Auslöser für mein Buch, an dem ich dann fünf Jahre intensiv gearbeitet habe. Den Titel für das Buch sah ich wie in mein Hirn eingestanzt: »What Did You Do in the War, Daddy?«. Ich hatte ja die Alten, die Überlebenden mit den Nummern am Arm kennengelernt. Da wurde mir als Deutscher ganz stark bewusst, aus welchem Land ich kam. Die Scham war sehr groß. Ich spürte, dass hier für mich eine wichtige Aufgabe wartete und ein Thema, dem ich mich stellen musste. Mit dem Schreiben änderte sich mein Leben komplett. Das Buch war wie eine Psychotherapie. Damit habe ich mir selber den größten Gefallen getan. Ich habe die Eltern befragt, habe wunderbare Gespräche mit ihnen aufgenommen, all die wertvollen Zeitzeugen befragt. Es waren die richtigen Fragen zur richtigen Zeit, bevor alle tot waren. Damit war ich wieder bei einer Ernsthaftigkeit angekommen, die mich auch ausmacht. Das Deutschtum, sich mit den Eltern auseinandersetzen, meine Kindheit, persönliche schmerzliche Dinge. Ein hartes Stück Arbeit, aber eine wichtige, reiche, schöne Zeit voller wunderbarer Begegnungen.

In Bezug auf Partner bin ich eine sehr widersprüchliche Frau. Seit ich neunzehn Jahre alt bin, war ich bis Mitte vierzig ununterbrochen liiert. Meine Kompromissbereitschaft war leider gleich null. Ich denke, deswegen waren die Beziehungen immer sehr kurz. Mit fünfzig hatte ich eine große, lange Liebesaffäre. Es war aufregend, mit super Sex, spannender denn je. Aber er war ein schwieriger Typ, und es war klar, dass es nicht halten würde, und nicht, weil er zwölf Jahre jünger war. Die letzten wichtigen Männer waren alle Amerikaner, und ich ahnte, dass es in Deutschland schwieriger werden würde, jemanden zu finden, der mir gewachsen ist. Den deutschen Männern fehlt Charme und Witz. Ich bin ein sehnsüchtiger Typ, zerfließe bei jedem sentimentalen Film, habe aber auch Härte in mir, kann mich sehr gut abgrenzen. Ich kann nicht behaupten, dass ich brennendes Interesse hätte, mir einen Mann an Land zu ziehen. Aber ich bin immer offen und sehr flirtig. Sicher vermisse ich solche Sachen wie gemeinsam Frühstück machen oder Rückenmassagen oder Lachen oder ins Kino gehen und im Dunkeln knutschen, diese Art von Intimität. Gleichzeitig bin ich nicht bereit, mich mit jemandem zusammenzutun, den ich nicht obersuperaufregend finde. Ich denke, dass Begehren, Sexualität, auch Erotik nicht altern. Wir alle kennen das Gefühl, dass man wieder zum Teenager wird, wenn man verliebt ist. Das ist einer meiner Lieblingszustände, allerdings passt man jetzt mehr auf sich auf.

Ich habe für uns alle den Traum, dass die Welt nicht total auseinanderfällt und dass menschliche Beziehungen nicht weiter an Bedeutung verlieren. Ich habe große Angst um unsere Zukunft, es sieht nicht so gut aus auf der Welt, und das macht mich traurig. Meine persönlichen Träume wären, nun noch mal richtig loszulegen. Ich bin ja gezwungen zu arbeiten, da habe ich mich durch meinen Lebensstil und mein Freiheitsbestreben hineinmanövriert. Auf diese Weise muss ich immer etwas wollen.

Ich denke, wir haben alle Talente und verschiedene Begabungen, die wir nicht verschüttgehen lassen sollen. Diese Lebensaufgabe nehme ich sehr ernst. Es ist wohl sehr weiblich, die Karriere dem Lebensgefühl und dem Lebenssinn unterzuordnen. Wenn ich meine zwanzig Jahre in New York und die zehn in Los Angeles ansehe, wie ich sie gelebt habe, mit dem Buch, das wirklich gut ist, als Krönung, kann ich sagen: Das ist meine philosophische Definition von Karriere, meiner Lebenskarriere. Ich bin und war leider immer extrem ambitioniert, meine Ansprüche an mich sind so überhöht, dass sie kaum zu erfüllen sind. Wir sind in unserem Alter unser eigenes Produkt, und das möchte man so haben, dass es in sich stimmt. Ich gehöre zu diesen lehrerinnenhaften Lernerinnen, die immer noch besser werden wollen. Es ist die alte Mischung bei den Kreativen: »Ich bin oberschlau und weiß alles« bis zu »Ich weiß überhaupt nichts«. Das stört mich nicht, sondern amüsiert mich eher. Ich wäre gerne ein weniger kontrolliertes Wesen mit den alten »Klassikern« Gelassenheit, mehr Großzügigkeit, noch mehr Toleranz. Ich bin wohl ein paar Schritte weiter gegangen als sehr viele andere Frauen, deshalb denke ich, kann ich vielleicht Vorbild für jüngere Frauen sein.

Ich glaube an das Zusammenspiel von Sein und Vergehen im Universum, dass es ein wahrscheinlich in sich harmonisches Gefüge von Kommen und Gehen ist und dass es auch so etwas gibt wie eine Seele oder eine Substanz im Universum. Ich glaube auch an das reale Gewissen, ich glaube an Scham, dass man sich für Bösartigkeit und böse Dinge schämt, die man anderen Menschen antut.

Das Altern ist auch mit Angst besetzt, weil ich einen Vater im Altersheim hatte, jetzt eine alte Mutter, die sich aber selber versorgt. Ich gucke sie an und denke: Ja, Mami, du wirst nicht mehr lange mit mir und unter uns sein – und auch ich werde einmal jemandem gegenübersitzen, der das über mich denkt.

Ich habe den Fluch, aus einer schönen Familie zu kommen, da ist es schwierig, älter zu werden. Aber wenn ich jetzt meine Mutter anschaue, sehe ich: Sie ist bildschön! Das ist tröstlich.

Gesine Schwan

Jahrgang 1943, Professorin für Politikwissenschaften,
Präsidentin der Universität Viadrina

Unsere Zukunft ist immer offener als wir denken. Sie liegt in Gottes Hand, der uns liebt.

Kurz bevor ich fünfzig Jahre alt wurde, machte ich einen Spaziergang mit einem meiner Neffen. Er fragte mich ganz ungeniert: »Na, fühlst du dich jetzt richtig alt?« Damals habe ich geantwortet: »Nein, eigentlich nicht. Aber ich denke mir, wenn ich sechzig werde, wird sich das ändern, weil das für Frauen eine Schallgrenze bedeutet. Männer mit sechzig können immer noch sehr sexy und attraktiv sein, Frauen nicht.« Nun ist es aber so gekommen, dass ich mich als Frau mit sechzig viel mehr wertgeschätzt fühle als mit fünfzig, was natürlich mit meinen Lebensumständen zusammenhängt. Nachdem ich dreizehn Jahre ungewollt alleine gelebt habe, habe ich wieder einen Partner gefunden, mit dem ich mich vorzüglich verstehe. Das ist wirklich ein großes Glück für uns beide, und daran liegt es hauptsächlich, dass es mir viel besser geht als etwa vor zehn Jahren. Aber auch beruflich habe ich wunderbare neue Möglichkeiten gewonnen. Damit sind allerdings auch die Anforderungen an meinen Alltag enorm gestiegen. Ich merke, dass mein Körper mir Grenzen setzt. Darüber bin ich eigentlich ganz froh, weil das ein klarer Imperativ ist, nach dem ich mich richten muss; es hat auch etwas Erleichterndes. Ich möchte, dass ich möglichst lange gesund und leistungskräftig weiterarbeiten kann. Deshalb achte ich auf diese Signale.

Sicher werde ich nach dem fünfundsechzigsten Lebensjahr nicht nur privatisieren. Ich wünsche mir allerdings, die Intensität meiner Arbeit ein wenig zu reduzieren, und werde mit Sicherheit eine kleine Pause für die Erledigung privater Angelegenheiten einlegen, zu denen ich in den letzten Jahren nicht gekommen bin. Auf mich warten schon zwei ungemein interessante Herausforderungen, und es ist ein ausgesprochen schönes Gefühl, auf solche Weise die Früchte eines arbeitsreichen Lebens ernten zu können. Übrigens auch im Verhältnis zu meinem Mann. Unsere Beziehung wird dadurch schön und leicht, dass wir nicht mehr Alltagsdinge bewältigen müssen. Wir haben beide, jeder auf seine Weise, schon

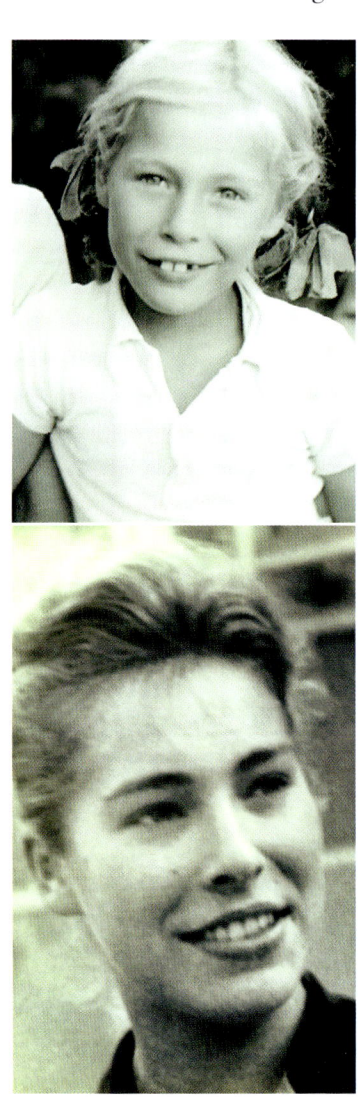

eine Lebensleistung hinter uns und einen großen Fundus an Lebenserfahrung, der uns in vieler Hinsicht gelassener werden lässt. Wir können das machen, was uns wirklich Freude bereitet, müssen uns gegenseitig nichts beweisen, müssen nicht Angst haben, dass der eine karrieremäßig schneller vorangeht als der andere.

Je älter ich werde, desto mehr merke ich, wie stark ich von meinem Elternhaus geprägt bin. Von beiden Eltern auf unterschiedliche Weise, aber – was unsere Erziehung, die Zielbestimmung meines Lebens angeht – durchaus einvernehmlich und komplementär. Vorrangig war, dass wir in einem auf das Gemeinwesen bezogenen Sinn erzogen worden sind, die reine Privatsphäre war nicht die Erfüllung des Lebens. Dass wir als Menschen verantwortliche politische Wesen sein müssen, war natürlich vor dem Hintergrund des Nationalsozialismus zu sehen. Das ist eine Grundausrichtung, die sowohl meinen drei Jahre älteren Bruder als auch mich geprägt hat. Das Emotionale kam von meiner Mutter und die gedankliche Disziplin von meinem Vater. Diese sprachliche und gedankliche Disziplin, die er uns abverlangte, ist mir sehr zugutegekommen und hat mir bis ins Existenzielle hinein geholfen, Klarheit zu schaffen. Klarheit in Bezug auf meine eigene Befindlichkeit: Was belastet mich, was stört mich nicht, warum leide ich, was habe ich falsch gemacht? Aber natürlich später auch Klarheit in Bezug auf das, was ich zu tun hatte. Diese Klarheit ist einerseits auf das intellektuell Disziplinierte meines Vaters zurückzuführen, andererseits aber auch auf die Intuition und die Gefühlswelt meiner Mutter. Sie war eine leidenschaftliche Frau, und ich bin zunächst sehr positiv von den Eltern geprägt worden, auch in der Dimension des Glaubens, die mir sehr wichtig ist. *Meine Mutter war katholisch, unkonventionell katholisch*, ihr lag daran, uns den Glauben, aber auch die Kirche nahezubringen. Aber Kirche nicht in einem konventionellen, hierarchischen Sinn. Wir wurden beide nicht getauft, mein Vater hatte sich mit seinem Aufklärungsrationalismus durchgesetzt, dass wir uns als Erwachsene alleine entscheiden sollten. Diese Grundidee der Selbstbestimmung als Notwendigkeit, als Aufgabe, als Chance, dafür bin ich ihm sehr dankbar. Das ist bis heute eine starke Prägung für mich. Auch Mission des Glaubens verstehe ich nicht so, dass ich jemanden mit aller Gewalt von meiner Vorstellung überzeugen möchte, sondern dass ich im religiösen Sinne durch mein Leben, durch mein Wirken die frohe Botschaft attraktiv machen möchte. Die Freiheit des anderen muss unbedingt erhalten bleiben.

Geprägt hat mich sicher auch sehr stark die Natur, in der ich aufgewachsen bin. Das war nördlich von Berlin an

einem See. Für mich ist nach wie vor ein sommerlicher brandenburgischer See, das Schwimmen darin, besonders am Morgen oder Abend, der Inbegriff von Glück. Meine Mutter kam aus einer einfachen Familie in Oberschlesien. Sie war sehr bildungsbeflissen, und ich bin durch sie früh vor allem mit Musik in Berührung gekommen. Die Verbindung von musischen Anregungen, intellektuellen Herausforderungen, einem lebendigen Glauben, einer reichen Gefühlswelt, einem sportlichen, sehr freiheitlichen Leben und einem Urvertrauen, das sie uns geschenkt hat, obwohl sie selbst es möglicherweise gar nicht teilte, war für mich ein großes »Startkapital« für mein Leben.

Es gab aber auch Herausforderungen. Meine Eltern verstanden sich im Laufe ihrer Ehe nicht mehr gut, das war Ursache für viel Traurigkeit. Meine Aufgabe war es, zu trösten, und zwar Vater und Mutter, was mir die Möglichkeit nahm, pubertäre Konflikte auszufechten. Das kam für mich gar nicht in Frage, ich hatte alles zusammenzuhalten. Meine Mutter hasste den Haushalt, und ich habe oft, wenn ich sonnabends aus der Schule kam, schnell erst einmal alles in Ordnung gebracht, damit das Wochenende gut beginnen konnte. Das ist vielleicht eine typisch weibliche Reaktion, aber auf der anderen Seite wurde zwischen meinem Bruder und mir in der Erziehung nicht unterschieden. Es war klar, dass wir beide Abitur, Studium, Beruf absolvieren würden. Dass Frauen sich, etwa in politischen Debatten, zurückzuhalten hätten, das kam für meine Mutter, überhaupt in unserer Familie, nicht in Frage.

Meine Eltern waren sehr kritisch gegenüber ihrer Zeit, sie waren ausgesprochene Gegner von Adenauers CDU, auch sehr kritisch gegenüber dem Wirtschaftswunder und der Kontinuität von nationalsozialistischen Eliten in der frühen Bundesrepublik. Ich bin also freiheitsbezogen und demokratiebezogen, aber sehr kritisch dem bundesrepublikanischen Establishment gegenüber aufgewachsen. Als Kind habe ich nicht unter der Bundesrepublik gelitten, aber politisch ging es so weit, dass ich in der langen Adenauer-Ära darum gebetet

habe, dass Adenauer abgewählt werden möge. Meine offensive Zustimmung zur bundesrepublikanischen Demokratie entwickelte sich erst im Laufe des Studiums, vor allen Dingen im Vergleich zu dem, was ich in Polen erlebte, wo ich als Studentin seit den sechziger Jahren häufig war.

Beruflich hatte ich während meiner Schulzeit die Absicht, Musiklehrerin zu werden und dadurch die Welt zu verbessern. In meiner Naivität dachte ich, dass die Musik so zu Herzen gehen müsste, dass dadurch alle Menschen gut würden. Erst kurz vor dem Abitur merkte ich, dass mir die Philosophie wichtiger war. Schließlich begann ich Romanistik zu studieren, um, vom Französischen Gymnasium kommend, Französischlehrerin zu werden, und auch Geschichte, weil dieses Fach der Politik am nächsten lag. Das Studium der Romanistik an der Freien Universität Berlin hat mich eher enttäuscht, deshalb ging ich nach Frei-

burg, wo es einen berühmten Romanisten, Hugo Friedrich, gab. Ich hatte von meinen Eltern die Erlaubnis erhalten, nach den Zwischenprüfungen ein Jahr lang zu studieren, was mir Spaß machte, also hörte ich Philosophie, Theologie, Politikwissenschaft und auch ein bisschen Geschichte und Romanistik. In Freiburg lernte ich meinen ersten Mann, Alexander Schwan, kennen, habe intensiv Philosophie und Politikwissenschaft studiert und 1971 in Philosophie promoviert.

Danach wollte ich eigentlich nur für die Familie da sein, aber mein Mann drängte mich, weiter berufstätig zu sein. Es gab damals in den siebziger Jahren viele neue Stellen, so konnte ich gleich nach der Promotion eine Assistenzprofessorenstelle annehmen, was mir sofort viel Spaß machte. Ohne an Karriere zu denken, habe ich mich, wieder weil mein Mann es mir nahelegte, sehr früh habilitiert, schon mit einunddreißig Jahren. Ich bin gleichsam in meinen Beruf als Hochschullehrerin hineingerutscht und habe gemerkt, er ist etwas Wunderbares für mich. Und er ist bis heute der für mich attraktivste geblieben.

Als ich meine Aufgabe als Präsidentin der Viadrina in Frankfurt an der Oder übernahm, war mir klar, dass es jetzt ein neues Ziel gab. Was mich daran lockte, war, dass ich meine Auffassungen über demokratische Führung, die ich theoretisch vertreten hatte, nun praktisch ausprobieren konnte. Außerdem hat mich das

Verhältnis zwischen Deutschland und Polen sehr interessiert. Die Tätigkeit an der Viadrina bot viele Affinitäten zu meinem bisherigen Leben. Ich sehe mich mehr als Universitätsgestalterin denn als Verwalterin oder reine Managerin. Natürlich war und ist das Management insofern wichtig, als ich von Anfang an Wert darauf gelegt habe, dass die Akten schnell vom Tisch kommen, dass ich transparent arbeite, dass ich gerecht arbeite. Ich wollte eine Leitung über Argumente und Transparenz, nicht über Einschüchterung. Ich hatte mich als Hochschullehrerin viel mit dem deutsch-polnischen Verhältnis befasst, in der öffentlichen Debatte viele politische Beiträge dazu geleistet, mich theoretisch um Hochschulpolitik gekümmert. Meine jetzige Tätigkeit ist sozusagen eine thematische Konzentration all dessen. Nun erlebe ich die praktische Variante.

Ein sinnvolles Leben ist eines, in dem man Aufgaben erfüllt, die ein tragfähiges Glücksempfinden ermöglichen. Ich glaube, dass wir von Gott den Auftrag bekommen haben, aber auch die Chance, eine Aufgabe zu erfüllen, deren Obertitel lautet: Liebe deinen Nächsten wie dich selbst. Sich nach außen wenden, aber in Korrespondenz mit innen – ich möchte auch selbst Freude an der Aufgabe haben, und sie muss zu mir passen. Ich gehe, wenn es möglich ist, zur Messe und bin dann ganz auf die Gebete und die Liturgie konzentriert. Rituale helfen mir, den Grund zu vergegenwärtigen, aus dem heraus ich lebe. Der Glaube trägt mich und gibt mir Mut, klarsichtig zu sein gegenüber dem, was nicht gut ist, was falsch ist, was schwierig ist. Weil ich die Zusage Gottes empfinde, dass er mir die Kräfte gibt, um gegen Falsches oder Schwieriges anzugehen. Lebensaufgabe bedeutet für mich auch, an Gottes Schöpfungswerk mitzuarbeiten. Politisch übersetzt: einen politischen Rahmen mitzuschaffen, in dem die Menschen sinnvoll leben können. Sinn kann aber auch in einer konkreten Lebenssituation liegen, zum Beispiel dass ich meiner Tochter helfe, weil sie eine Examensarbeit fertigstellen muss, und ich ihr den Kleinen abnehme. Oder dass ich für meine Freundin da bin, die mich braucht.

Freundschaften waren mir immer sehr wichtig. Sie sind jetzt fast noch schöner als in früheren Zeiten. Ich hatte ja früh meinen ersten Mann kennengelernt, und wir hatten ein sehr geselliges Haus, viele Abendessen mit Diskussionen und sachorientierten Gesprächen. Das gehört für mich zur Lebensqualität. Mein Mann Alexander Schwan wurde dann sehr schwer krank, er starb 1989. Die letzte Zeit, von August bis Ende November, blieb er im Krankenhaus. Als es zu Ende ging, habe ich mich darum bemüht, dass er immer Besuch hatte. Es war eine unglaublich schöne Erfahrung von Freundschaft. Ich konnte feststellen, dass die vielen Menschen, die wir kannten, auch wirkliche Freunde waren und sich nicht zurückzogen. Mein Freundeskreis hat sich nach dem Tod meines Mannes deutlich verändert, er hat sich auch verjüngt, und es gibt zwei oder drei alleinstehende Frauen, mit denen ich erst danach eine enge Freundschaft entwickelt habe.

Ich könnte mir ein Leben ohne Kinder, ohne Familie nicht vorstellen. Mein erster Mann und ich hatten zwei adoptierte Kinder, sie sind jetzt dreiunddreißig und einunddreißig Jahre alt. Ich bin sehr, sehr froh, dass ich diese Kinder habe. Als mein Mann starb, waren sie zwölf und vierzehn Jahre alt, und es war auch für sie eine schwierige Zeit. Ich ging nach dem Tod meines Mannes durch eine lange psychische Krise, weil ich mir wohl zu viel zugemutet hatte. Durch eine Psychoanalyse bin ich von großen Schuldgefühlen, die mit dem Tod meines Mannes zusammenhingen, befreit worden.

Aus meiner Sicht ist die partnerschaftliche Familie, in der beide zumindest eine gute Chance haben, berufstätig zu sein, und sich auch die Kindererziehung teilen, das einzig zukunftsträchtige Modell. Erziehung kann nicht nur durch die Mutter allein geschehen, die Kinder brauchen auch ihre Väter. Vor allem müssen wir zu neuen Biografien kommen: Der Höhepunkt der Berufskarriere muss nach hinten verlagert werden, man kann nicht alles in die Jahre zwischen fünfundzwanzig und fünfundvierzig pressen. Da wir heute älter werden, plädiere ich dafür, das Berufsleben zu strecken und, gegen Ende abbauend, bis etwa siebzig zu arbeiten, wenn man möchte. Das ist ein konzeptionelles Projekt, das ich eventuell später an der Humboldt-Viadrina School of Governance verfolgen möchte: behilflich zu sein bei der Vorbereitung einer gelungenen Familienpolitik, für die möglichst viele Aspekte und Konsequenzen miterwogen werden müssen. Solche Veränderungen und Entzerrungen im Lebenslauf brauchen wir, das ist aus meiner Sicht eine zentrale Voraussetzung für den Zusammenhalt und die Zukunft unserer demokratischen Gesellschaft. Die Privatwirtschaft interessiert das bislang noch kaum, sie will überwiegend die flexiblen, disponiblen Menschen, die sie ausbeuten und dann »ausrangieren« kann. Dabei fehlt den Jungen die Lebenserfahrung der Älteren.

Ich merke, dass es angezeigt ist, zu akzeptieren, dass der Körper, wenn man älter wird, nicht mehr so leistungsfähig ist. Auch nicht mehr so sicher. Aber für mich überwiegt bei weitem die Dankbarkeit für alles das, was ich mit vierundsechzig Jahren noch kann, gerade im Vergleich mit meiner Mutter, die nach einer Brustamputation mit neunundvierzig oder fünfzig Jahren psychisch krank war,

ihr Leben lang auf ihre Erfüllung gewartet hat und immer frustrierter wurde. Mich freut auch das Feedback meiner Tochter, die glücklich darüber ist, dass ihre Mutter so aktiv ist und für die ich gerne eine Art Ermutigung bin. Ich muss in jedem Moment dankbar wertschätzen können, was ich alles habe, das habe ich früh gelernt. Nicht das Glas halb leer sehen, sondern halb voll. Da ist dieses große Glück mit meinem zweiten Mann, das ich auch körperlich genieße. Wir sind beide sehr leidenschaft-

liche Menschen und miteinander rundum glücklich. Das ist auch eine Bestätigung meines Körpers durch meinen Mann, und ich möchte attraktiv für ihn bleiben.

Die große Zäsur in meinem Leben sind die Krebskrankheit und der Tod meines ersten Mannes. Er hatte schon einmal Krebs, als wir heirateten, aber damals war es Krebs im Anfangsstadium, der behandelt werden konnte. Die zweite Erkrankung kam sechzehn Jahre später, da war der Krebs schon so weit fortgeschritten, dass uns keine Chance mehr eingeräumt wurde. Diese Zeit, die dann doch deutlich länger dauerte, als man angenommen hatte, war nicht einfach eine todunglückliche Zeit, sie war zunächst sogar eine eher glückliche Zeit. Ich dachte, ich würde es durch Zusatzbehandlung schaffen, dass er doch überlebte. Aber dann waren das Leiden und die emotionalen Untiefen, auch die Ablösung von ihm, die mich beunruhigte, sehr, sehr schwer. Ich war in großer Verzweiflung, habe viel geweint, immer versucht, das vor den Kindern zu verstecken. Ich habe nach außen funktioniert, war Dekanin und erfolgreich, und alle sahen eine heitere Frau. Aber das war ich innerlich nicht. Im Gegenteil, eigentlich wollte ich sterben.

Das war nicht nur ein Einschnitt im Sinne einer Periode tiefer Traurigkeit und dann der Rekonvaleszenz. Ich glaube, dass ich mich in der Zeit zwar nicht völlig verändert habe, aber dass vorhandene Potenziale sehr viel stärker entwickelt wurden, als es sonst geschehen wäre. Durch die Erfahrung völliger Hilflosigkeit, völliger Verzweiflung und Angst wird man in vielem geduldiger, milder, zurückhaltender. Dann bildete es eine wichtige Zäsur, Präsidentin der Viadrina zu werden, eine noch viel wichtigere aber 2003 die beginnende Liebe zu meinem Mann. Das Jahr 2004 wurde in außergewöhnlicher Weise ein Doppeljahr: Präsidentschaftskandidatur für die Bundesrepublik und im September 2004 dann unsere Heirat, ein völlig unerwartetes Glück.

Ich war nicht unglücklich über den Ausgang der Präsidentschaftswahl, denn ich habe es für mich als viel richtiger und organischer empfunden, dass ich die Universität weiterentwickeln und sichern konnte. Dieses Ostbrandenburg ist nicht gesegnet, und das Einzige, was man ihm schenken kann, ist das Halten von Versprechen. Zwar hatte ich gegen Ende der Kandidatur das Gefühl, dass ich bei den Menschen etwas bewegen konnte, besonders für unsere Demokratie in Deutschland, aber auch in Europa die Mentalitäten zu ändern. Das hat mich natürlich gelockt. Die Uni und die Stadt Frankfurt an der Oder haben, glaube ich, durch die Kandidatur gewonnen, hoffentlich auch dadurch, dass ich dort weiter gearbeitet habe. Und nicht zuletzt war es privat für mich schön, mit meinem Mann ohne weitreichende öffentliche Pflichten leben zu können. Was mich gelockt hätte, wäre, ein anderes Modell von ehelicher Partnerschaft zu zeigen. Ich glaube, in Zukunft hängt ganz viel davon ab, wie wir das Verhältnis zwischen den Geschlechtern gestalten. Mein Mann hätte das fabelhaft mitgemacht. Er hat ein wunderbar gefestigtes Selbstbewusstsein, und vor allen Dingen ist er in der internationalen Welt so viel bekannter als ich, bei sehr vielen Staatsoberhäuptern. Aber ich gebe zu, nachdem wir nun gerade frisch verheiratet waren, war es doch schön, dass wir privat wieder für uns sein konnten.

Mein Enkelkind, Kind meiner Tochter, ist ein großes Glück, auch die acht Enkelkinder meines Mannes. Die Kinder meines Mannes haben mich wunderbar aufgenommen, und auch meine beiden Kinder mögen meinen Mann sehr. Mein Verhältnis zu meinem Bruder und meiner Schwägerin, auch zu meinen weiteren Verwandten, mit denen wir regelrecht befreundet sind, war mir immer sehr wichtig. Sie haben mir vor allem in den schwierigen Jahren nach dem Tod meines ersten Mannes sehr geholfen. Allein das ist Grund genug, warum für mich die Familie eine große Rolle spielt.

Mich beschäftigt der Tod gegenwärtig nicht sehr. Ich habe einfach das Vertrauen, dass mir, wenn Ereignisse eintreten wie Krankheit oder körperliches oder geistiges Versagen, was auch immer, die Kraft und die Einsicht gegeben werden, solchen Herausforderungen irgendwie gewachsen zu sein. Und wenn uns widerfährt, dass wir lange gemeinsam alt werden können und bei Troste bleiben, auch für andere da sein können, wäre das eine große Gnade. Ich sehe einen Sinn des Altwerdens auch darin, jungen Menschen eine Perspektive zu bieten, wie schön das Älterwerden sein kann. Es ist schon jetzt für meine Tochter ermutigend, glaube ich, uns beide zu erleben.

Gegenwärtig empfinde ich mich in einer Lebensphase, die überhaupt nicht auf Abschluss eingerichtet ist, sondern auf Entdeckung von immerfort Neuem, auf die Erkundung neuer Horizonte.

Irène Schweizer

Jahrgang 1941, Jazzpianistin

Die Musik und das Leben leidenschaftlich lieben.

Mein Leben war und ist geprägt von Musik. Sie war immer das Wichtigste. Als Jazzpianistin spiele ich schon seit über vierzig Jahren mit einem Schlagzeuger im Duo zusammen. Die anderen Musiker sind meistens eine bis zwei Generationen jünger als ich, und es macht mir großen Spaß, mit ihnen zu spielen. Ich spiele am liebsten in kleinen Gruppen, im Augenblick in drei verschiedenen Duos – davon zwei mit Saxophonisten und einem mit einer Saxophonistin –, verschiedenen Duos mit Schlagzeugern und außerdem einem Frauentrio, das aus einer Sängerin aus England, einer Kontrabassistin aus Frankreich und mir besteht. Aber ich sage viele Festivalanfragen ab, weil ich keine Lust mehr zu den weiten Reisen habe.

Meine Eltern hatten ein Restaurant, und dort bin ich früh mit Dixielandmusik in Berührung gekommen. Eine Studentenband probte regelmäßig bei uns im Saal, und schon mit zehn, elf Jahren hörte ich begeistert zu. Meine ältere Schwester spielte Klavier und studierte schon während der Schulzeit klassische Musik. Ich hatte mit acht Jahren Akkordeon gelernt und fing mit zwölf an, autodidaktisch nach Gehör Klavier zu spielen. Ich wollte nie klassisch spielen, nur Jazz und nichts anderes, Jazzmusik hat mich von Anfang an gefesselt. Es war ein innerer Druck, all meine Gefühle durch diese Musik herauszulassen.

Einmal die Woche bekam ich dann Privatunterricht im Allernötigsten, aber es hat mich nie besonders interessiert. Meine beiden Schwestern und ich waren sehr auf uns selber angewiesen, meine Eltern hatten kaum Zeit, sich um uns zu kümmern, und wussten gar nicht, was ich machte. Wir hatten aber andere Bezugspersonen; die Angestellten in der Küche oder die Serviertochter haben uns mit erzogen. Wie in einer Großfamilie war immer Betrieb, waren immer Leute da. Daher kommt heute wahrscheinlich mein Bedürfnis, alleine zu sein. Je älter ich werde, desto größer wird es.

Ich hatte eigentlich nicht die Absicht, die Jazzmusik zu meinem Beruf zu machen. Eine großartige Karriere war mir völlig gleichgültig, ich wollte einfach nur spielen und begann schon in der Schulzeit, fast jeden Samstag mit Musikern in Schaffhausen zu proben. Ab und zu gaben wir ein Konzert oder spielten auf einer Party, aber es war nicht so, dass ich das unbedingt später beruflich machen

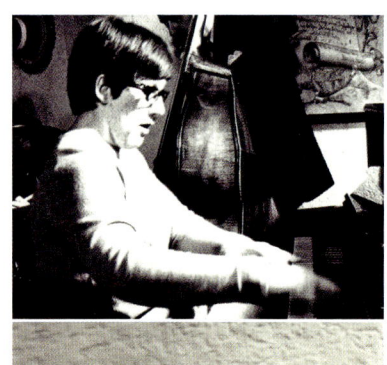

wollte. Ich besuchte eine Sprachschule in England und in Zürich eine Handelsschule und war dann kaufmännisch ausgebildet mit dem Ziel, in einem Büro zu arbeiten; das habe ich auch einige Jahre lang gemacht.

Während der Zeit in England hatte ich Unterricht bei einem englischen Pianisten. Als ich zurückkam, zog ich nach Zürich und lernte zwei Musiker kennen, einen Bassisten und einen Schlagzeuger; wir drei gründeten ein Trio. Eines Tages fuhren wir einfach mit dem Auto nach Holland und Deutschland und haben überall gespielt. Wir waren zum Frankfurter Nachwuchsfestival eingeladen, es wurde ein bisschen über uns geschrieben, und plötzlich waren wir auch im Ausland bekannt. Das war der Anfang. Um Geld zu verdienen, musste ich immer wieder im Büro arbeiten. Wenn ich in Zürich war, jobbte ich stundenweise. Das war in den sechziger Jahren ganz leicht möglich. So konnte ich einfach in verschiedenen Büros arbeiten, ich schrieb perfekt Französisch, Englisch, Stenografie und Schreibmaschine, musste mich nicht groß engagieren und verdiente auf diese Weise das notwendige Geld zum Leben.

Mit der Musik ging es immer weiter aufwärts, auch im Ausland. Ich reiste viel und spielte mit internationalen Musikern auf Festivals in Deutschland und Österreich. Oft war ich die einzige Frau unter den Musikern, das war nicht immer leicht für mich. Die Jazzmusiker hatten früher nicht den besten Ruf, sie waren ziemliche Sexisten, aber vor mir hatten sie Respekt. Es gab auch sehr nette Männer, und viele wurden Freunde.

Ein wichtiger Einschnitt in meinem Leben war die Zeit in England, als ich mit zwanzig zur Sprachschule ging. Ich war zum ersten Mal länger von zu Hause weg und blieb anschließend noch fast zwei Jahre als Au-pair in London. Es war damals das swinging London, eine aufregende Zeit, irrsinnig lebendig. Diese Zeit hat mich sehr geprägt, und ich bin auch später immer wieder in London gewesen. Ich hatte bald viele Bekannte, viele Musikerfreunde dort, eigentlich mehr als in Zürich und in Schaffhausen. Es gibt einige Musiker von dort, mit denen ich immer noch arbeite, aber es ist sicher mehr als sieben, acht Jahre her, seit ich das letzte Mal da war.

Nach den Jahren in London lebte ich in einem möblierten Zimmer in Zürich. Von da zog ich mit den Musikern in der Schweiz herum. Zum Proben trafen wir uns im Keller des berühmten Jazz-Cafés Africana, und jeden Mittwochabend spielten wir oben im Trio und Quartett bei Jam-Sessions. Dieses Café war so etwas wie meine zweite Wohnstube, und ich war fast täglich dort. Ende der Sechziger zog ich nach Sursee im Kanton Luzern. Dort konnte ich bei der Firma Paiste arbeiten, einem berühmten Hersteller von Schlagzeugbecken. Pierre Favre, ein weltberühmter Schlagzeuger aus der Westschweiz, war damals dort angestellt, um die Cymbals zu testen. Er hatte die Stelle angenommen, weil er seine Familie mit Kindern von der Musik allein nicht ernähren konnte. Wir kannten uns von Festivals, und er fragte mich, ob ich Lust hätte, seine Sekretärin zu werden. So haben wir dort zusammen gearbeitet, aber natürlich auch gespielt. Es gab einen Musikraum mit Flügel und Schlagzeug, für uns ideale Bedingungen: Wir waren angestellt, hatten aber die Vereinbarung getroffen, dass Konzerte Priorität hatten. Ich blieb fast sechs Jahre bei der Firma.

Anfang 1973 ging Pierre dann weg, er hatte einen neuen Job beim Rundfunk im Zürcher Radio-Orchester, und ich zog ein Jahr später auch zurück nach Zürich, in eine WG mit Musikern. Seitdem wohne ich, inzwischen seit über dreißig Jahren, in Zürich. Es gab eine Unterbrechung: 1985/'86 bekam ich von der Stadt für gut ein halbes Jahr eine Art Stipendium für New York. Es war damals in New York noch eine gute Zeit für Jazz, und ich lernte in den Jazzkellern viele Musiker kennen. Später wurde ich immer wieder dorthin eingeladen, und in den neunziger Jahren war ich oft in Kalifornien, Chicago und Kanada auf Tournee.

Eine wichtige Entscheidung war, meinen Lebensunterhalt als Musikerin zu verdienen. Vorher hatte ich noch die Sicherheit gebraucht, am Ende des Monats einen festen Lohn zu bekommen. Das habe ich 1985 ganz aufgegeben. Erst dann habe ich gewagt, es nur mit der Musik zu probieren. Ich wollte eigentlich nie vor Publikum spielen, sondern nur für mich, das war das Schönste. Ich war eher schüchtern und mochte nicht gern auf der Bühne stehen. Inzwischen habe ich eine gewisse Routine, es ist natürlich sehr schön, wenn das Publikum mitgeht, und der Beifall turnt auch an.

Im Moment lebe ich mal wieder alleine. Wenn man Ansprüche hat, ist es nicht so einfach, eine Partnerin zu finden. Ich hatte immer langjährige Beziehungen und dann wieder langjährige Phasen, in denen ich alleine lebte. Manchmal fühle ich, es wäre an der Zeit, wieder eine Freundin zu haben, eine, die einem nahe ist. Aber dann denke ich, dass ich eigentlich gar keine Zeit für eine Beziehung habe – Musik ist mir so viel wichtiger. Das Ideale wäre eine Partnerschaft, in der man einander die Freiheit für Wichtiges lässt und trotzdem diese Basis der Gemeinsamkeit hat. Ich habe einen schönen Freundinnenkreis und auch Musiker, die ich als sehr gute Freunde betrachte. Aber sie können natürlich nicht eine nahestehende Partnerin ersetzen.

Heute sagen die Jungen schon mit vierzig, sie wären alt, aber ich fühlte mich mit fünfzig auf der Höhe meiner Kraft, in jeder Beziehung. Mit sechzig merke ich jetzt doch, dass vieles langsamer wird. Nicht, dass es rasend bergab geht, aber ich will und kann nicht mehr so aktiv und ununterbrochen unterwegs sein. Ich bin viel gelassener und ruhiger geworden. Auch meine Musik verändert sich. Ich war früher nicht gerade aggressiv, aber sehr dynamisch und kraftvoll, manchmal fast zu sehr. Man sagte von mir, ich spielte mit Ellenbogen und wie verrückt. Das war in den siebziger Jahren, als der Free Jazz sehr auf Power und Energie

aufgebaut war und man so schnell und so laut wie möglich spielen musste. Das habe ich jetzt aber schon lange abgelegt. In dem Booklet zu meiner letzten CD von einem Livekonzert gibt es einen wunderschönen Text von einer Frau, die mich gut kennt. Sie schreibt, ich sei ruhiger geworden und es sei mir nicht mehr so wichtig, viele Noten in kurzer Zeit zu spielen, sondern das Auslassen, das Weglassen werde wichtiger für mich. Ja, es gibt wohl in meiner Musik eine Entwicklung hin zur Stille. Mit dem Alter kommt sie ganz plötzlich.

Über das Alter später mache ich mir keine Gedanken. Ich wohne hier in diesem Haus seit beinahe dreißig Jahren, zuerst im dritten Stock und jetzt in dieser Wohnung im vierten Stock, weil sie größer und heller ist, und alle haben gesagt: Pass auf, du wirst älter, und es gibt keinen Lift. Jetzt kann ich es noch gut in den vierten Stock schaffen, aber in zehn Jahren wird es vielleicht nicht mehr gehen. Da muss ich schauen, wo ich dann lande. Man spricht mal von einer Frauen-Alters-WG, aber bis jetzt gibt es keine konkreten Pläne. Das Einzige, was ich genau weiß, ist, dass ich mich nicht aufs Land zurückziehen will. Ich möchte eher noch mehr in die Stadt ziehen, wenn ich alt bin. Ich brauche den

Kontakt mit anderen Menschen. Ich muss Kinos, Restaurants und Läden um mich herum haben. Ich will nicht isoliert leben. Ich gehe auch zum Klavierspielen aus dem Haus. Hier in der Nähe ist die »Werkstatt für improvisierte Musik«, es gibt drei Räume mit Klavier und Flügel, man kann sich einschreiben und dann proben. Zu Hause spiele ich fast nie mehr. Ich probe mit Musikern, aber alleine für mich kaum.

An mein Sterben denke ich noch nicht. Aber es ist ein schöner Gedanke, dass meine Musik bleibt. Es ist ein kleines Lebenswerk, das kann man sagen. Durch die CDs kann man jetzt die Musik auch dann noch hören, wenn ich sie nicht mehr spielen kann. Das finde ich wunderbar. Es sind schon viele Jüngere gestorben, eine sehr gute Freundin, die nicht einmal fünfzig wurde, mein bester Musikerfreund ist auch vor neun Jahren mit fünfzig gestorben. Meine Schwester vor vier Jahren, sie war ein bisschen älter als ich. Das macht mich nachdenklich. Mein Vater starb sehr früh, und meine Mutter wurde so alt, wie ich jetzt bin. Es ist merkwürdig, wenn man plötzlich älter als die eigene Mutter ist.

Ich bin froh, wenn ich jeden Tag aufstehen kann und spannende Konzerte spielen kann mit den Musikern und Musikerinnen, die ich mag. Ich kann mein Leben frei bestimmen und muss für niemanden sorgen. Ich wünsche mir, dass ich das mit vielen Freundinnen und Freunden noch lange genießen kann. Aber vielleicht sterbe ich vor ihnen. Das weiß man ja nie.

Ich habe Glück mit meinem Instrument Klavier. Joëlle Léandre, die Bassistin, mit der ich ab und zu spiele, muss ihren Kontrabass überallhin mitnehmen. Im Flugzeug kann sie ihn aufgeben, aber im Zug muss sie ihn mit hineinnehmen, sie muss immer mit diesem Instrument herumreisen. Sie ist zehn Jahre jünger als ich und meint, wenn sie so alt wäre wie ich, könnte sie das nicht mehr schaffen. Dann müsste sie womöglich jedes Mal einen Bass mieten oder könnte nur noch an einer Schule unterrichten. Ich habe Glück, ich kann Klavier spielen, bis ich achtzig bin, wenn ich gesund bleibe.

Wenn ich mich nach dem Sinn des Lebens frage, weiß ich manchmal nicht so recht, welche Bedeutung das alles hat, was ich mache. Aber dann denke ich, eigentlich habe ich doch schon viel erreicht. Ich hatte mir nie das Ziel gesteckt, mit fünfundsechzig berühmt oder gar weltberühmt zu werden. Inzwischen kann ich sagen, dass ich auch international bekannt bin. Das macht mich zufrieden, und natürlich freut mich die Resonanz auf meine Musik. Gerade war ich auf dem Geburtstag einer Freundin, die sechzig wurde. Es waren viele, auch ältere Frauen da. Eine Frau kam zu mir und erzählte, sie habe einige CDs von mir und jedes Mal, wenn es ihr nicht gut gehe, höre sie eine davon und dann gehe es ihr gleich besser. So etwas freut mich natürlich. Aber manchmal, wenn man das Weltgeschehen betrachtet, denkt man doch, man müsste viel aktiver sein. Ich denke allerdings, dass ich doch sehr viel für die Nachwuchsfrauen, die Musikerinnen hier in der Schweiz, erreicht und es als Vorkämpferin für einige leichter gemacht und sie nachgezogen habe.

Religion bedeutet mir nichts, ich bin aus der Kirche ausgetreten, aber etwas Übersinnliches gibt es sicher im Universum, man kann es nur nicht benennen. Woher kommt zum Beispiel meine Musik? Die Sängerin Maggi Nicols sagt manchmal, wenn wir auftreten: It was all magic. Ich finde, das ist es. Man kann es nicht beschreiben.

Anja Silja
Jahrgang 1940, Opernsängerin

Falle niemals in die Routine!

Hat es wohl mit dem Alter zu tun, wenn man sich fragt, ob das Leben früher besser, niveauvoller, konzentrierter war? Von der Jugend wird man für solche Feststellungen immer wieder belächelt. Aber wo sind Persönlichkeiten wie die, die unsere Geschichte geprägt, wo die, die wir noch erlebt haben? Wir brauchen sie mehr denn je. Es wird heute sehr viel über wesentliche Dinge gesprochen, geforscht, geschrieben. Umwelt, Politik, Kunst – aber ist irgend etwas besser geworden? Nein, das meiste bleibt eine große Sorge oder ein Ärgernis. Ich bin von Natur aus ein positiver Mensch, aber es heutzutage zu bleiben wird einem sehr schwer gemacht. Als – nach fünfundzwanzig Jahren Ehe – geschiedene, alleinlebende Frau, deren drei inzwischen erwachsene Kinder ihr eigenes Leben führen, hat man viel Zeit, über sich und sein Leben nachzudenken. In dieser Lebensform muss man niemandem außer sich selbst Rechenschaft ablegen, und das ist gar nicht so leicht, wie es klingt.

Dass ich nach achtundfünfzig Jahren in meinem Beruf immer noch so erfolgreich durch die Welt ziehe, ist ein großes Geschenk und fast wie ein Wunder, für das ich unendlich dankbar bin. Warum sollte ich zu Hause sitzen, wenn ich doch offenbar noch so viel zu sagen habe in meinem Metier? Meine Rollen immer wieder neu zu deuten, neu zu interpretieren ist meine Aufgabe, ist mein und war Wieland

Wagners Leben. Nicht aber, sich selbst als Interpretin in den Vordergrund zu spielen. Davor bewahrt mich, so denke ich, mein Glaube.

Ich habe mich vor zwei Jahren taufen lassen. Religion hatte bis dahin in meinem Leben eigentlich keine große Rolle gespielt, obwohl ich meine, dass ich durchaus ein christlich denkender und handelnder Mensch war, auch ohne in die Kirche gegangen zu sein. Schon als Kind habe ich mit Begeisterung die Bibel gelesen. Damals allerdings mehr wie ein Märchenbuch. Die Bibel ist ein ungeheures Buch, das man immer und immer wieder lesen kann und sollte. Der Wunsch, mehr über Religion zu wissen, entstand während der Proben zu der Oper »Gespräche der Karmeliterinnen« von Francis Poulenc. Es ist die wahre

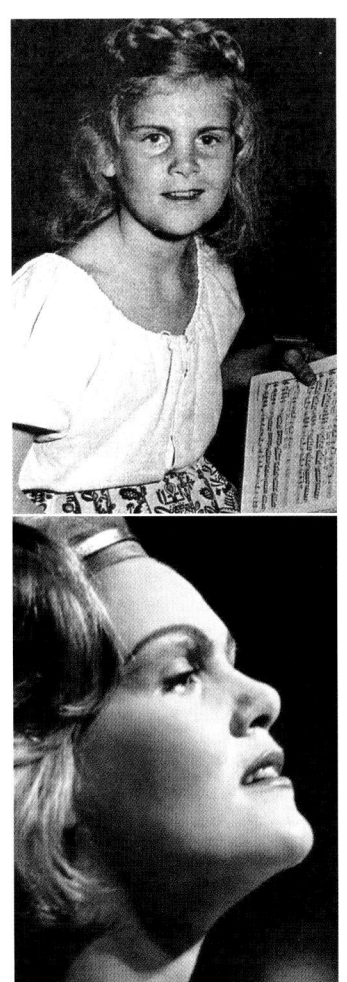

Geschichte von sechzehn Nonnen, die während der Französischen Revolution ihrem Glauben nicht abschwören wollten und auf der Guillotine endeten. Ihre Haltung, ihr Mut, ihr unerschütterlicher Glaube, der sie mit Ruhe und, fast kann man sagen, Heiterkeit in den Tod gehen ließ, haben mich nachhaltig beeindruckt. Der zweite und entscheidende Grund aber war die Wahl Kardinal Ratzingers zum Papst. Ich bin eine große Bewunderin dieses Papstes von der ersten Minute seiner Wahl an, habe alle seine Bücher und Predigten gelesen. Seine Intellektualität, die große Bescheidenheit und Demut, seine Konzentration auf das Wesentliche (etwas, was mein und sein Beruf gemeinsam haben) wie auch sein Mut, unbequeme Meinungen zu vertreten und zu verteidigen, sind mir ein großes Vorbild.

Prägend für mein ganzes Leben war eine sehr ungewöhnliche und freie Kindheit. Ich bin bei meinen Großeltern aufgewachsen. Mein Großvater war die zentrale Person meiner Kindheit. Obwohl 1940 geboren, habe ich wenig mitbekommen vom Kriegsgeschehen. Nach Kriegsende war ich nur das erste Jahr in der Volksschule, danach wurde ich sowohl in den üblichen Schulfächern als auch im Musikalischen ausschließlich von meinem Großvater unterrichtet. Er blieb mein einziger Gesangslehrer.

Mit zehn gab ich in Berlin mein erstes Konzert, dem ausgedehnte Konzertreisen im In- und Ausland folgten bis zu meinem ersten festen Engagement am Opernhaus Braunschweig. Da war ich fünfzehn Jahre alt. Schon ein Jahr später wurde ich nach Stuttgart engagiert und wieder zwei Jahre später nach Frankfurt. Von dort wurde ich, inzwischen zwanzig Jahre alt, nach Bayreuth engagiert, wo ich in der Rolle der Senta im »Fliegenden Holländer« debütierte.

Nach Bayreuth »pilgert« man gewöhnlich Richard Wagners wegen – natürlich! Das tat ich am Anfang auch. Doch Bayreuth bedeutete mir sehr bald nur noch eines: Wieland Wagner. Er wurde – nach meinem Großvater – die einflussreichste Person in meinem Leben, beruflich und privat. Unsere Beziehung war kompliziert, meine Abhängigkeit von ihm war mir immer bewusst, die seine von mir wurde mir erst beim Schreiben meiner Biografie klar. Es war eine außergewöhnliche Beziehung, die mich für immer prägte und für die ich jeden Tag aufs Neue dankbar bin. Wielands Tod war ein tiefer persönlicher Einschnitt in meinem Leben – ebenso wie im Künstlerischen. Ich war erst sechsundzwanzig Jahre alt. Mit seinem Tod habe ich freiwillig auf eine weitergehende Wagner-Karriere verzichtet und das Festspielhaus nie mehr betreten. Ich musste mir ein ganz neues Repertoire erarbeiten, was dann – über die Jahre – immer mehr zu Leoš Janáček führte.

Die Ehe mit Christoph von Dohnányi brachte erneut eine große Veränderung. Wir bekamen drei Kinder, und ich übernahm auch seine zwei Kinder aus erster Ehe. Das war nun wirklich ein ganz anderes Leben. Für eine Weile konnten wir Beruf und Privatleben ganz gut vereinen, aber als wir dann nach Amerika gingen (Christoph übernahm das Cleveland Orchestra), war ich mehr und mehr fast nur noch Mutter und Ehefrau. Da ich von Natur aus eigentlich faul bin, gefiel mir das auch für eine lange Zeit, aber irgendwann fragte ich mich dann doch, warum ich alles aufgeben sollte, was einmal mein Leben gewesen war. Als die Kinder aus schulischen Gründen nicht mehr halbjährlich zwischen den Kontinenten hin- und herfliegen konnten, entschlossen wir uns zur Rückkehr nach Deutschland. Damit begann mein Wiedereinstieg in mein altes Leben, und es begannen auch die Schwierigkeiten in meiner Ehe.

Durch die Scheidung waren die Kinder hin- und hergerissen, wie es bei Scheidungen so geschieht. Aber das alles ist jetzt über zehn Jahre her. Meine beiden Töchter leben in Hamburg, eine mit Mann und zwei Kindern, mein Sohn ist in Peking. Ich versuche, sie alle so oft wie möglich zu sehen. Früher lebten die Generationen zusammen unter einem Dach, das würde mir auch gefallen. Es ist doch widernatürlich, dass man so weit auseinander lebt. Ein Wunsch wäre es, mit einer Freundin zusammen ein Haus an einem See oder in einem Skigebiet zu kaufen, so dass die Kinder mich in den Ferien häufig besuchen könnten. Vielleicht kriegen wir das ja noch hin.

Freundinnen sind mir sehr wichtig. Ich habe viele, und auch schon sehr lange. Einige habe ich schon aus der frühen Kindheit, wie zum Beispiel Vera Tschechowa, die bei Berlin neben uns wohnte. Oder meine Freundin Ingrid, deren Mutter und Großmutter schon mit meiner Mutter und Großmutter befreundet waren. Auch aus der Zeit, als ich an der Berliner Oper als zehnjähriges Mädchen wegen Karten anstand, habe ich noch Freunde.

Mein Beruf war mir immer wichtig, aber für mich nie das Einzige im Leben. Ich habe eben spielerisch gelernt, Singen war mir selbstverständlich, und so erscheint es mir erstaunlicherweise immer noch. Mein Großvater, der ein großer Wagnerianer war, brachte mir das gesamte Wagner-Repertoire bei. Schon mit zehn kannte ich alle Partien auswendig, auch die männlichen, ich lernte schnell. Ich kann mich nicht erinnern, einmal wirklich gepaukt zu haben. Ganz so leicht lerne ich heute natürlich nicht mehr, doch glücklicherweise sind mir einige der neuen Rollen nicht ganz fremd. Jetzt sind es die Mütter, Schwiegermütter oder

Stiefmütter der jungen Mädchen, deren Part ich einstens sang, und die habe ich natürlich noch im Ohr.

Meine Affinität zu älteren Männern hat sicher etwas mit dem Aufwachsen bei den Großeltern zu tun. Wieland Wagner und der französische Dirigent André Cluytens (mit dem zusammenzuleben ebenfalls der Tod verhinderte) waren viel älter als ich. Sie hatten große Lebenserfahrung, ich konnte viel von ihnen lernen, was mir – neben allem anderen – immer sehr wichtig war. So besonders mein späterer Ehemann war – er ist einer der bedeutendsten Dirigenten, die wir haben –, er ist nicht der Mensch, der so ausschließlich auf mich eingehen konnte wie Wieland und André. Sein Leben lag damals noch vor ihm. Heute ist er weltberühmt.

Älterwerden ist eigentlich kein Problem für mich. Ich bin ziemlich fit, das einzige nennenswerte Problem sind meine Knie, das ist berufsbedingt. In Opern stirbt man ja häufig, und bevor das geschieht, muss man hinfallen, knien, rutschen! Und das während der Proben natürlich tausendfach. Das hält kein Knie aus.

Träume für die Zukunft habe ich nicht – eher Ängste, wenn ich sehe, was so alles in der Welt passiert, schließlich habe ich Kinder. Doch der Tod ängstigt mich nicht, er gehört zum Leben. Ich habe eine sehr gläubige Freundin. Einmal sagte sie mir, als ich sie anrief, dass ihr Bruder gestorben sei. Bevor ich darauf antworten konnte, fügte sie – sozusagen im selben Atemzug – hinzu: Und mein Sohn hat das Abitur bestanden! Da dachte ich mir: Das ist eigentlich richtig so, wir können den Tod nicht verhindern. Natürlich trauert man um den Menschen, den man geliebt hat, aber er verlässt einen ja nicht. Wieland und André sind immer bei mir. Besonders an den Orten, die wir gemeinsam kannten. Da empfinde ich dann manchmal eine undefinierbare Wehmut und Sehnsucht nach einer Zeit, die so glanzvoll begonnen hatte und so abrupt endete. Besonders an Sonntagen, die hasse ich.

Man darf sich nicht zu wichtig nehmen. Wir sind nun einmal sterblich, wie bekannt man auch ist. Aber wenn man im Leben seinen Beruf und seine Aufgaben sinnvoll erfüllt hat, bleibt man den Menschen vielleicht länger in Erinnerung.

Annegret Soltau

Jahrgang 1946, Künstlerin

*Ideale sind wie Sterne.
Man kann sie nicht erreichen,
aber man kann sich
an ihnen orientieren*

In meiner Kindheit hat mich der Mangel geprägt. Im Vergleich zu früher erscheint mir mein Leben heute in jeder Beziehung erfüllt, fast so, als dürfte ich jetzt die Kehrseite der Medaille erleben. Diese Prägung war so enorm, dass das, was ich heute bin, ganz viel damit zu tun hat. Auch die Einsamkeit, die ich in meiner Kindheit oft erfahren habe, finde ich in meinem Künstlerinnendasein wieder. Man muss bei der Arbeit allein sein können, damit man zum Ursprünglichen vordringen kann. Das ist nicht immer angenehm. In meiner Kindheit war die Einsamkeit eher ein Gefühl der Verlassenheit, das war erst recht nicht angenehm, aber ich bin dadurch zu Dingen vorgestoßen, die mir sonst verborgen geblieben wären.

Ich bin auf einem Bauernhof aufgewachsen und hatte nie frei. Wenn andere Kinder schwimmen gingen, hieß es: Du musst Heu einfahren, du musst Rüben holen oder du musst Erdbeeren pflücken. Selbst im Winter hatte ich zu tun: Ich musste die Blüh- und Pflanzkeime der Maiblumen voneinander trennen oder beim Schlachten helfen und die Gedärme nähen. Die Dinge, die mich interessierten, konnte ich nicht machen, ich konnte nicht lesen und hatte auch keine Bücher. Ich spürte den Mangel, wusste aber nicht, wie ich daran etwas hätte ändern können.

Es gab in meiner Kindheit natürlich auch schöne Erfahrungen, gute Begegnungen. Meine Großmutter war wichtig für meine Lebensbasis, aber ich habe sie sehr früh verlassen. Von großer Bedeutung für mich war vor allem mein Grundschullehrer Schubert. Er nahm mich wahr, das war damals unendlich wichtig für mich. Er sorgte dafür, dass ich nach der Volksschule nicht gleich arbeiten gehen musste. Eine höhere Schule konnte ich nicht besuchen, weil kein Geld dafür da war und sich niemand für mich verantwortlich fühlte. Mein Lehrer hat mich dann gefördert, indem er meine Schulbücher bezahlte. So konnte ich wenigstens die mittlere Reife machen, zwar an einer Handelsschule, die mir nicht besonders lag, aber immerhin war es besser, als gleich arbeiten zu gehen.

Mit knapp sechzehn Jahren musste ich selbst Geld verdienen, denn es war keiner da, der mich unterstützte. Von meiner Mutter habe ich keinen Pfennig bekommen, sie hat mir nie etwas gegeben, keine Ausbildung, kein Taschengeld, und sie hat mich auch nie gefragt, ob ich etwas brauchte. Ich arbeitete bei der Dresdner Bank und als Arzthelferin bei einem Unfallarzt am Hamburger Hafen, obwohl ich das nicht gelernt hatte. Dann ging ich als Au-pair-Mädchen nach England, dort wurde die Kunst wichtig für mich. Ich hatte schon in der Schule gerne gezeichnet, und mein Lehrer Schubert hielt öfter meine Bilder hoch und lobte sie. Das gab mir ein bisschen Bestätigung, das Gefühl, dass ich jemand war oder überhaupt ein Anrecht auf mein Dasein hatte. Er zeigte mir auch, dass es noch anderes gibt. Es waren kleine Hinweise, die ich nie vergessen habe. Als ich dann

in England war, habe ich intensiv angefangen zu malen. Ich hatte fünf Kinder zu betreuen und den ganzen Haushalt zu bewältigen, aber an manchen Nachmittagen, wenn die Kinder noch in der Schule waren, konnte ich malen, und abends besuchte ich an einem College einen Kunstkurs. Von da an wollte ich Kunst studieren.

Mit etwa neunzehn Jahren ging ich nach Deutschland zurück. In Hamburg besuchte ich eine Vorbereitungsschule für die Aufnahmeprüfung zur Kunstakademie. Um Geld zu verdienen, arbeitete ich ab sechs

Uhr morgens als Zimmermädchen in einer Pension. Um zwölf Uhr besuchte ich dann die Malschule. Ich lernte im Schnelldurchlauf alle Techniken und stellte innerhalb kürzester Zeit eine Mappe zusammen, mit der ich mich bei der Kunstakademie vorstellte, wo ich tatsächlich angenommen wurde. Von da an hatte ich freie Bahn. Um mich zu finanzieren, arbeitete ich nachts in einer Bar. Morgens um neun war ich dann in der Kunstakademie. Natürlich war ich häufig müde, und als mein Professor einmal nachfragte, erzählte ich ihm von meinem Job. Um Gottes Willen, sagte er, das müssen Sie doch nicht machen, Sie können doch ein Stipendium beantragen! Er schrieb mir ein Gutachten, ich bekam das Stipendium und brauchte nicht mehr nachts zu arbeiten.

Meinen Mann lernte ich in der Mensa kennen. Dadurch, dass ich da jobbte, kannte ich bald alle Studenten, und unter den Neuen war auch dieser Darmstädter. Darmstadt, das war für mich als Norddeutsche ganz weit weg, das mochte ich damals gar nicht. Und dieser Student fuhr dann oft auch noch nach Hause zu seinen Eltern und nahm seine Wäsche mit. Ich dachte, was ist denn das für einer? So ein Bürgersöhnchen. Und mit diesem Bürgersöhnchen bin ich heute noch zusammen. Wir zogen in eine gemeinsame Wohnung, aber es gab immer Ärger mit unserer Vermieterin. Wenn wir abends ins Zimmer wollten, habe ich mich auf seine Füße gestellt, und so gingen wir im Doppelpack über

den Flur, damit die Vermieterin nicht mitbekam, dass ich bei ihm übernachtete. Aber irgendwann hat sie es dann doch herausgefunden, und da haben wir kurzentschlossen geheiratet.

Dass ich heiraten wollte, hat sicher mit meiner Kindheit zu tun. Ich bin unehelich geboren, was man mir immer als Makel ankreidete. In meinem Dorf sprach man von mir oft als dem Wechselbalg, weil mein Vater unbekannt blieb. Aus heutiger Sicht glaube ich, dass ich dieses Minderwertigkeitsgefühl durch die Heirat kompensieren konnte. Gegenüber den Kommilitonen war es uns eher peinlich, dass wir verheiratet waren. Es waren die sechziger Jahre, da heira-

tete man nicht, sondern lebte in Wohngemeinschaften oder Kommunen. Wir wohnten nahe dem Springer-Konzern-Gebäude, liefen bei den Demos mit und riefen laut: »Nixon, wir glauben dir kein Wort, Völkermord bleibt Völkermord!« Ansonsten haben wir einfach so weitergelebt, in dem Zwölf-Quadratmeter-Zimmer bei unserer Vermieterin. Nach dem Studium hatten wir beide noch ein Auslandsstipendium vom DAAD, das war unser Glück. Ich ging nach Wien und mein Mann nach Mailand. Wien fand ich im Herbst bedrückend und sehr dunkel. Irgendwann bin ich auch nach Mailand gegangen. Italien hat mir sehr viel besser gefallen, und da sind dann auch die Bilder nur so aus mir herausgekommen, obwohl wir dort in einem winzigen, primitiven Zimmer lebten, auf einer engen Etage zwischen lauter Süditalienern. Ich zeichnete Italienerinnen, die Köpfe umhüllt mit Tüchern, die in den Radierungen dann zu »umschlossenen Figuren« wurden. Es entstanden auch zwei Radierungen von Gudrun Ensslin. Später war ich noch einmal in Italien, in der Villa Massimo. Das war wieder anders, denn es war ja eine deutsche Akademie, und ich hatte meine beiden kleinen Kinder dabei. Ich lebte mich nur schwer ein und litt unter der Trennung von meinem Mann, aber letztlich war das Jahr sehr gut, auch für die Kinder. Ich konnte viele Kontakte knüpfen, und da waren ja auch die anderen Künstler, Schriftsteller, Komponisten, Architekten. Jeder hatte ein riesengroßes Atelier und eine Wohnung mit Putzfrau. So komfortabel hatte ich es vorher nie gehabt. In meiner Arbeit begann ich damals mit meinen »Mensch-Tier-Vernähungen«, die ich später »Grimas« nannte.

Über meine erste Ausstellung berichtete die Lokalzeitung unter der Überschrift *»Die Frauen der Annegret Soltau«* – und da dachte ich: Warum? Zeichne ich nur Frauen? Ich war von mir ausgegangen. Ich war Mensch. Ich unterschied nicht zwischen Mann und Frau. Erst durch diese Überschrift wurde mir bewusst, dass ich Frauen darstellte, und ich konnte das dann gezielter einsetzen. Und irgendwann habe ich nur noch mich selbst als Modell genommen. Dennoch ist mein Thema der Mensch. Ich möchte nicht, dass man den Eindruck gewinnt, für mich sei nur die eine Hälfte der Menschheit interessant und meine Arbeit grenze die andere Hälfte aus. Ich habe dann die traditionellen Techniken aufgegeben. Es war die Zeit, als die Frauen sich selbst entdeckten und mit neuen Medien arbeiten wollten, die noch nicht so besetzt waren. Ich wollte körperlicher, unmittelbarer mit meinem direkten Abbild arbeiten. Ein Foto ist wie ein realer Abdruck, mit dem ich dann weiterarbeiten kann.

Das Zusammenleben mit meinem Mann ist etwas traditionell gestaltet. Wir kennen uns jetzt seit vierzig Jahren. Ich kümmere mich mehr um das Essen, die Wäsche und all diese Sachen. Ich bin es auch, die überwiegend unsere Freundschaften pflegt. In manchen Dingen bin ich aber auch der Mann und er die Frau. Unser Leben als Künstler verlief während des Studiums eher getrennt. Tagsüber waren wir in der Akademie. Er ging in seine Bildhauerklasse im Kellergeschoss und ich in mein Maleratelier im ersten Stock. Wir waren zwar zusammen, unsere Arbeitsbereiche aber getrennt. Später hatten wir eine Phase, in der wir enger, nämlich Wand an Wand, zusammen arbeiteten. Da hörte ich ihn arbeiten, und wir hörten dasselbe Radioprogramm. Hier ist es jetzt wieder stärker getrennt. Ich arbeite unten im Erdgeschoss und er im Nebengebäude. Wir können uns gut austauschen. Wenn ich mal nicht weiterkomme oder Abstand brauche, gehe ich zu ihm ins Atelier und sehe ihm beim Arbeiten zu. In meinem Arbeitsraum treffen wir uns meistens zur Kaffeepause, und er sieht dabei, was ich gerade mache. So findet man zu sich zurück, gewinnt Abstand und weiß wieder eher weiter.

Ich würde sagen, es wird immer besser zwischen uns, weil vieles wegfällt, zum Beispiel Konkurrenz. Früher haben wir uns emotional stark aneinander gerieben. Das war teilweise sehr anstrengend, und ich bin froh, dass es jetzt einfacher ist, weil ich differenzierter geworden bin. Er findet mich manchmal immer noch nervig, weil ich über alles diskutieren will, während er gerne seine Ruhe hat, was mich dann wieder nervt. Aber grundsätzlich haben wir eine andere Basis miteinander gefunden. Ich kann die Gegensätze zwischen uns jetzt viel besser aushalten, was ich früher gar nicht konnte.

Je mehr ich mich auf meine eigenen Sachen konzentriere, umso besser geht es. Er musste sich damit konkret auseinandersetzen, dann war es nicht mehr nur das Reden darüber, sondern meine Bilder waren mein Ausdrucksmittel, und die waren einfach da. Und das bin auch ich. Dadurch hat er viel mehr von mir erfahren. Jetzt möchte er sogar Bilder von mir haben, er kommt in mein Atelier und sagt: Also das könntest du mir schenken.

Mein Kinderwunsch schlich sich eher unbewusst ein. Ich hatte von so vielen Künst-

lerinnen gehört, die das Künstlerinnendasein schlecht mit kleinen Kindern vereinbaren konnten, und hatte deshalb Ängste. In der Kunstgeschichte gibt es kaum positive Vorbilder für Künstlerinnen mit Kindern. Aber irgendwann hat sich meine innere Stimme gemeldet, und ich wollte unbedingt ein Kind. Meine Vernunft sagte mir zwar, zwei Künstler und dann noch Kinder, das schaffen wir nicht. Und mein Mann und ich hatten dann auch eine schwere Krise, aber schließlich stimmte er zu. Ich wurde schnell schwanger, und wir haben uns auf das Kind gefreut, das eine Tochter wurde. Es war nur anfangs eine große Umstellung. Ich hatte schon während der Schwangerschaft mit dem Zustand des Schwangerseins und mit meinen Ängsten gearbeitet. Es floss alles ineinander, mit Baby und Stillen und Arbeiten. Dann wollte ich noch ein zweites Kind, und unser Sohn kam auf die Welt. Der Alltag verlief danach ziemlich chaotisch, und alles

wurde sehr anstrengend, aber trotzdem entstanden doch immer wieder neue Bilder. Ich war selbst erstaunt, wenn ich sie dann in meinen Ausstellungen sah.

Eine lange Freundschaft verbindet mich mit Karin Struck, die ich schon in den siebziger Jahren kennengelernt habe. Sie hatte sich auch mit dem Mutterthema befasst, uns verband das Thema Frau, das sich auf das Private und den Körper bezog. Wir hatten losen Kontakt, und dann wollte sie gerne, dass ich zu ihrem Buch über ihre Großmutter, »Die liebenswerte Greisin«, Zeichnungen anfertigte, was ich auch tat. Wir haben uns viel geschrieben und besucht. Uns interessierte, wie das Private der Frauen politisch wird. Unsere Kinder wurden geboren, sie hat vier, ich habe ja nur zwei, und Karins Leben war natürlich ganz anders. Sie lebte ihr Leben mit verschiedenen Partnern, ihre vier Kinder sind von verschiedenen Vätern. Ich dagegen war konstant mit einem Partner zusammen.

Mit dem Älterwerden habe ich mich sehr viel beschäftigt, was nicht heißt, dass ich darüberstehe. Es macht mir etwas aus, wenn ich mich sehe und denke: Das bin ja ich, diese Metamorphose. Ich muss im Moment viele Bilder von früher heraussuchen, weil die siebziger Jahre aufgearbeitet werden. Jetzt zum Beispiel für eine Ausstellung in Los Angeles, da sollen nur Arbeiten bis 1980 gezeigt werden, es geht dabei um den Aufbruch, darum, wie Künstlerinnen der sechziger und siebziger Jahre die Kunst geprägt und beeinflusst haben. Auf diesen frühen Bildern sieht mein Gesicht natürlich viel jünger aus. Doch ich mag es auch, wenn Erfahrungen im Gesicht oder am Körper sichtbar werden. Das ist eigentlich schon immer mein Thema gewesen, ich bin dafür, dass man diese Prozesse nach außen trägt. Auch bei mir selbst. Ich muss aushalten, dass man

mich so sieht, und ich finde mich auch nicht immer schön. Trotzdem zeige ich es, diese Wahrhaftigkeit ist mir wichtig. Ich will mich dem stellen und möchte die Wahrheit über mich erfahren und sie auch annehmen, jeden Tag ein Stück.

Erotik wird für mich immer wichtiger. Körperliche Erotik, Sexualität finde ich richtig gut. Ich lebe sie sehr erfüllt. Die Erotik in der Natur, in einem Baum, in einem Blatt, das ist dagegen noch nicht meine Welt.

Ich denke, meine Lebensaufgabe ist die Kontinuität. Es fällt mir manchmal ein bisschen schwer, sie zu bewahren, sie zu leben. Auf der anderen Seite sehe ich auch, wie viel ich durch diese Kontinuität gewonnen habe, nämlich die Fähigkeit, bei meiner Sache zu bleiben, meine Bilder zu machen und da immer weiter zu gehen. Ich sehe, dass sich die Themen parallel zu meinem Leben entwickeln. Nicht, dass ich das Leben abbilde, aber ich kann über meine Bilder die Prozesse nachvollziehen. In meiner letzten Werkschau auf der Mathildenhöhe in Darmstadt nannte ich die erste Halle »selbst«, die zweite »schwanger«, die dritte »generativ« und die letzte »hybrids«, Mischwesen. Da ist mir noch einmal ganz klar geworden, wie wichtig es ist, wenn man den eigenen Entwicklungsprozess verfolgt, dass man ihn bewusst erlebt und auch annimmt, tief einsteigt, ihn nach außen kehrt und in Bildern öffentlich macht. Und ich sehe an der Resonanz, dass andere Menschen sich darin auch erkennen können. Ich will ja nicht nur mich selbst darstellen.

Ich bin nicht im eigentlichen Sinn religiös, habe mich aber durch meine Freundin Karin Struck, die zum katholischen Glauben konvertiert ist, viel damit beschäftigt. Ich habe das Gefühl, dass ich mich jetzt nur noch auf mich selbst verlassen kann. Seitdem Karin vor einem Jahr an Krebs gestorben ist, wird das immer stärker. Sie wollte sich nicht operieren lassen, sie hat einfach geglaubt, dass sie es so schafft. Es war ihre Entscheidung, sie musste es so machen. Aber das hat mich doch sehr nachdenklich gestimmt. Ich werde jetzt eher weniger religiös oder weniger spirituell, als ich es vorher war.

Ich habe angefangen, über meinen Nachlass nachzudenken. Der Tod meiner Freundin und der Schlaganfall meiner Mutter haben mich schockiert und fast aus der Bahn geworfen. Meine Mutter liegt jetzt so hilflos da. Von einem Moment auf den anderen konnte sie nicht mehr sprechen, nicht mehr essen, nichts mehr machen. Sie war nie zuvor im Krankenhaus gewesen, die Frauen in meiner Familie haben gute Gene. Ich hatte immer gedacht, dass ich mit ihr noch vieles würde klären können, dass wir das noch schaffen. Diese Endgültigkeit schockiert mich. Das finde ich schlimmer, als wenn sie gestorben wäre. Sie lebt ja noch, sie lebt noch und ist doch nicht mehr greifbar. Deshalb mache ich mir langsam Gedanken über meine eigene Hinterlassenschaft. Ich taste mich vor, wo kann ich was unterbringen, habe mit meinem Mann gesprochen, wir haben auch schon eine Patientenverfügung gemacht. In einer Schublade liegt ein Briefumschlag, in dem ich alle wichtigen Informationen für meine Kinder sammle, damit sie wissen, wen sie ansprechen können, und nicht diesen ganzen Ballast haben.

Ich habe auch viele Kisten voller Tagebücher, was soll eigentlich damit passieren? Wer soll die lesen? Die soll gar keiner lesen. Eine meiner Arbeiten – ich nenne sie »personal identity« – ist eine chronologische Folge von eigenen Passfotos, in die ich Urkunden und andere Unterlagen eingenäht habe. Sie beginnt mit meiner Originalgeburtsurkunde, und ich habe meiner Tochter aufgetragen, nach meinem Tod meine Sterbeurkunde einzunähen. In dieser Arbeit sind all die Dokumente und Karten eines, meines Lebens versammelt. Das letzte Foto der Serie ist dann das mit meinem Totenschein, oder was auch immer das sein wird, ein Chip oder Ähnliches. Aber es ist doch auch eine schöne Vorstellung, dass ich durch meine Bilder weiterlebe. Dass ich eine Spur hinterlasse.

Margrit Vogt
Jahrgang 1942, Bäuerin

Wahrhaftigkeit –
Fröhlichkeit + inneren Frieden!

Mein Lebensgefühl hat sich im Laufe meines Lebens kaum verändert. Ich fühle mich gesundheitlich noch sehr gut, unser Betrieb läuft sehr gut, und die Familie ist in Ordnung. Die Arbeit hat zugenommen, und dadurch ist alles hektischer geworden. Wir bauen Gemüse an, haben den Ackerbaubetrieb, Tiere, außerdem Ferienwohnungen und einen Hofladen und drei Markttage in der Woche. Und dann sind da noch der Haushalt und ein bisschen Familienleben, wenn Zeit bleibt. Unser Sohn Detlev wohnt mit seiner Familie hier auf dem Hof, und wir arbeiten die ganze Woche zusammen. Während der Woche essen wir auch alle zusammen, am Wochenende aber getrennt. Mein Mann Emil und ich genießen das und unser Sohn und seine Familie auch.

Mit den Jahren bin ich, glaube ich, ein bisschen empfindlicher geworden. Durch den Markt lerne ich viele Menschen kennen, versuche sie einzuschätzen. Und ich stelle fest, dass die Menschen oft mit ihrem eigenen Leben überfordert sind, oft Probleme haben und dass die jungen Leute nicht mehr so belastbar sind, wie wir es früher waren. Heute sind die Menschen perspektivloser, die Zeiten sind unsicherer geworden. Aber man muss seinen eigenen Weg suchen, ihn finden und dann auch gehen und dahinterstehen, sonst hat man keinen Erfolg.

An meine frühe Kindheit gegen Ende des Kriegs kann ich mich noch gut erinnern. Meine Eltern mussten mit uns aus ihrem Haus heraus. Wir haben damals im Kreis Uelzen gelebt, meine Eltern hatten dort eine Landwirtschaft und ein Gasthaus, das heute ein Neffe von mir führt. Wir waren neun Geschwister, von denen das jüngste, ein Bruder, mit sechs Wochen starb. Es war ein freies, überschaubares Leben mit Freundinnen im Dorf. Es gab viel Arbeit, und die älteren Geschwister mussten im Betrieb mithelfen. Und sie haben uns Kleinere – ich bin die Zweitjüngste – mit erzogen, da die Eltern kaum Zeit dafür hatten. Wir hatten trotzdem eine sonnige Kindheit. Familienmittelpunkt war immer meine Mutter, aber sie ist schon relativ früh gestorben. Mein Vater hat sie um zehn Jahre überlebt, beide sind nicht alt geworden.

Die Nachkriegszeit habe ich als nicht so schlimm empfunden. Wir hatten zwar nur einen Ofen und in der Küche einen Herd, auf dem gekocht wurde, aber das Essen war bei uns auch vorher schon recht karg gewesen. Wir waren eben eine Großfamilie, mit den Großeltern zwölf Personen. In der Landwirtschaft wurde damals noch alles mit Pferden gemacht. Mein Vater hat auch Pferde gezüchtet. An die Fohlen kann ich mich gut erinnern, das war sehr schön. In unserer kleinen Dorfschule gab es eine Klasse für alle acht Jahrgänge. Manchmal mussten wir in die Luft schreiben, weil kein Papier oder keine Tafel zum Schreiben vorhanden war. Und wir hatten auch nicht alle einen Stuhl, da es im Dorf viele Flüchtlinge gab. Es hat sich viel verändert, aber nicht unbedingt zum Vorteil. Die Kinder heute wissen gar nicht zu schätzen, wie gut es ihnen geht. Die Anspruchshaltung ist groß, obwohl sie eigentlich alle sowieso schon zu viel haben.

Ich hätte beruflich gerne etwas mit Musik gemacht, aber für eine solche Ausbildung war kein Geld da. Musik finde ich einfach toll, sie hat mich mein Leben lang begleitet. Mit meinen Eltern haben wir viel gesungen, zu Hause und im Gasthaus. Wir hatten im Gasthaus auch eine Musik-

box, da wurde getanzt und gesungen und gespielt. Auch mit unseren Kindern habe ich viel gesungen, das machen wir an Geburtstagen noch heute. Mein Mann findet es schön, wenn wir singen. Er kann überhaupt nicht singen und ist tieftraurig darüber. Wenn wir Geschwister uns treffen, singen wir ebenfalls viel. Wir verstehen uns sehr gut, und an den Geburtstagen versuchen wir immer, zusammen zu sein. Meine älteste Schwester ist Epileptikerin, sie ist bei meinem ältesten Bruder auf dem Hof geblieben. Ich hole sie öfter hierher, weil sie auch mal rauskommen soll.

Mit sechzehn lernte ich in unserer Gastwirtschaft meinen heutigen Mann kennen. Er war auf einem Lehrhof, lernte auch die Landwirtschaft. Am Anfang war es einfach eine Freundschaft. Durch ihn ist mein Interesse an der Landwirtschaft gewachsen, und irgendwann habe ich mich endgültig dafür entschieden. Als ich zwanzig war, haben wir geheiratet, und ich kam hierher, auf den Hof meines Schwiegervaters. So viel Arbeit wie heute hatten wir früher nicht. Zuerst haben wir nur mitgearbeitet. Es gab Milchkühe und Schweine. Dann entschloss sich mein Mann, die Kühe abzuschaffen, weil die Weiden nicht so gut waren, wir haben hier ja Heidesand. Wir wollten mehr mit Schweinen und Sauenhaltung machen. 1971 hatten wir die Ehre, den damaligen Bundespräsidenten Doktor Gustav Heinemann bei uns auf dem Hof begrüßen zu dürfen. Es war eine große Aufregung und ein riesiger Aufwand, und das für zehn Minuten Aufenthalt. Er

fuhr in einer Luxuslimousine mit Deutschland-Standarte vor, mit Sicherheits-beamten und prominenten Begleitern. Unsere Nachbarn waren da und viele Schaulustige. Für meine Schwiegereltern, die damals noch lebten, und für uns waren es Augenblicke des Glücks und eine schöne Bestätigung für das Schaffen meines Mannes.

Als meine Schwiegermutter ganz plötzlich starb, brach für uns eine schwere Zeit an. Mein Schwiegervater war sehr traurig und wollte nicht mehr arbeiten, und so standen wir allein da. Unsere drei Kinder gingen alle noch zur Schule. Da mussten wir umdenken, lernen, flexibel zu werden, uns einen Plan zu machen, damit alles funktionierte. Damals entstand das Konzept, das wir heute noch befolgen. Wir hatten Getreide, Kartoffeln, zunächst noch Milchkühe, Schweine und später, als die Kühe weg waren, dann Sauenhaltung. Verkauft wurde über die Genossenschaften. Dann kam der totale Preisverfall beim Getreide, und die Ferkel kosteten fast nichts mehr, das Fleisch war billig. Das war für uns der gro-ße Einbruch. Wir mussten uns etwas Neues überlegen, weil es so nicht mehr funktionierte. Wir schrieben rote Zahlen und haben gerechnet. Subventioniert werden wollten wir nicht. Wir wollten keine Massentierhaltung, denn wir sind alle sehr tierlieb. So kamen wir auf die Idee mit dem Direktverkauf. Inzwischen verkaufen wir dreimal in der Woche auf Märkten das selbst angebaute Ge-müse – wir haben Gewächshäuser für Gurken, Paprika und Tomaten –, Salate, viele besondere Sorten Kartoffeln, Wurst und Schinken aus eigener Schlach-tung, selbst gebackenes Brot, Marmeladen, Säfte und einiges mehr. Das alles verkaufen wir natürlich auch in unserem Hofladen. So ging es allmählich wie-der aufwärts. In dieser Zeit habe ich einen engeren Bezug zur Landwirtschaft entwickelt, ich habe mir beim Landfrauenverein Anregungen geholt, auch zur Mitarbeit, besonders in der Frage: Was können die Landfrauen tun, um die Höfe zu retten?

Mein Mann und ich sind immer zusammen. Eigentlich ist es schön, aber manch-mal auch schwierig, weil er so anders ist als ich. Er ist eher impulsiv, aber wir diskutieren auch viele Sachen ganz gut aus. Wir verstehen uns, sonst hätte es ja nicht so lange gehalten.

Das Älterwerden merke ich nicht sehr. Ich hatte immer eine positive Einstellung zum Leben. Natürlich ist man am Ende des Tages müde, aber das war früher auch so. Für die schweren Arbeiten wie Kartoffelnroden und Getreideernten haben wir Maschinen. Das ist wesentlich einfacher als früher, als alles mit der Hand gebunden und gedroschen wurde. Wir haben zwar keine tollen neuen Maschinen, aber sie funktionieren, das reicht für uns. Manchmal denke ich schon, dass ich vielleicht mal langsamer und weniger machen sollte, aber wir haben ja genug zu tun, und mir macht es Spaß. Es ist auch ein tolles Gefühl, wenn die Arbeit getan ist. Als vor sieben, acht Jahren meine Haare ganz rapide grau wurden,

hatte ich ein bisschen daran zu beißen, weil ich dachte, meine Güte, jetzt werde ich so eine graue Maus. Da habe ich überlegt, ob ich sie färben soll. Aber ich habe mich dagegen entschieden. Es ist, wie es ist. Und mein Mann ist ja auch grau. So passen wir zusammen, und so bleibt es.

Mein Ziel ist es, auf jeden Fall gesund und zufrieden zu bleiben. Ich möchte noch lange mitarbeiten, auch mal mit meinem Mann Urlaub machen. Inhaber des Hofs ist jetzt unser Sohn. Er ist manchmal ein bisschen unsicher, weil er nicht weiß, was die Zeit ihm bescheren wird. Wir haben die Dinge mehr angepackt und gesagt, wir machen das jetzt so, und es wird funktionieren. Er verlässt sich noch ein bisschen auf uns, bespricht mit uns, wie er es machen soll. Wir sind ja auch noch da, aber wenn wir nicht mehr können, kann er den Hof nicht allein führen, dann brauchen wir fremde Hilfe. Darauf würden wir gern hinarbeiten, dass es mit fremder Hilfe klappt und ich die mit einarbeite.

Über das Alter mache ich mir nicht viele Gedanken. Ich denke, man muss es so annehmen, wie es einem beschert wird.

Der Glaube hat uns geprägt, unser Leben lang. Wir leben mit der Natur und erfahren immer wieder, dass nicht alles machbar ist. Dass man sich die Sachen nicht erkaufen oder einfach nehmen kann. Man muss vorsichtig und sorgfältig mit den Dingen umgehen, mit der Natur, mit den Tieren. Der Glaube war uns immer wichtig, die ganze Familie ist sehr gläubig. Unsere Kinder waren immer in der evangelischen Gemeinde aktiv, mein Mann war zwanzig Jahre im Kir-

chenvorstand und ich im Kirchenchor. Zur Kirche gehen wir nicht mehr so oft. Man ist sonntags müde vom Markt und von der Woche, die hinter einem liegt. Aber deshalb ist man ja nicht weniger gläubig.

Mein ganzes Leben lang denke ich schon ans Sterben. Es ist ja nicht selbstverständlich, dass man alt wird. Das habe ich früh genug erfahren. Meine Oma ist in meinen Armen gestorben, da war ich vierzehn. Meine Mutter hatte gesagt, halt sie mal eben fest, und als ich sie im Arm hatte, starb sie. Da sah ich zum ersten Mal jemanden sterben. Es ist schon sehr eigenartig, wenn der Tod eintritt, wenn sich das Gesicht, die Farbe verändert und der Atem aufhört.

Den Sinn meines Lebens sehe ich darin, immer ehrlich und aufrichtig zu sein. Auch möchte ich immer freundlich sein zu den Menschen und zu den Tieren. Ich will niemanden beleidigen und zufrieden sein und möchte, dass auch die anderen zufrieden sind. Eine Aufgabe sehe ich darin, den allgemeinen Trend in der Hofhaltung nicht mitzumachen. Wir ziehen Pflanzen und Tiere aus Überzeugung nur mit natürlichen Mitteln auf, versuchen uns an seltenen Gemüsesorten, probieren immer wieder Neues aus, aber alles im Einklang mit der Natur. Das ist eine gute Aufgabe, und das schätzen auch die Menschen, die zu uns an den Marktstand kommen. Ich denke, dass man diese Dinge den Kindern und Enkelkindern ein Stück vorlebt.

Susanne Widl

Jahrgang 1948, Cafetiere, Künstlerin, Model

*Gelebter Eigensinn ist wichtiger
als Eigentum.*

*Aus extremer Sanftmut
Mut zu Extremen*

Wenn ich über mein Leben nachdenke, wird mir bewusst, wie viel ich ganz im Allein-gang geschafft habe. Das macht mich stolz. Seit mein Vater starb, als ich fünf-zehn Jahre alt war, hatte ich keine Unterstützung mehr. Meine Mutter war nicht meine Familie, sie war gegen alles, was ich vorhatte. Sie war zwar stolz auf ihre schöne Tochter, aber nur im Hinblick darauf, dass ich einen reichen Mann hei-raten sollte. Ich aber habe darum gekämpft, dass wir Frauen selbständig den-ken sollen, damit wir alleine über unser Leben entscheiden können. Dabei habe ich Kräfte entwickelt und eine Stärke, die mir hilft, das Kaffeehaus, das ich jetzt seit acht Jahren alleine leite, aus den Schulden zu holen. Meine Mutter sagte immer, sie würde das Café verkaufen, wenn ich nicht mitarbeite, damit habe ich mich erpressen lassen. Ich wollte das Kaffeehaus unbedingt erhalten, aber Vertrauen zu mir hatte sie nie. Zu ihrem achtzigsten Geburtstag lud ich achtzig Stammgäste ins Café Korb ein und hoffte, dass sie mir an diesem Tag das Café endlich übergeben würde. Das tat sie nicht, und ich war sehr verzweifelt und den Tränen nahe. Aber ich habe in den letzten Jahren alleine geschafft, was sie mir nie zugetraut hat, und jetzt ist es ausgestanden.
Ich führe das Kaffeehaus mit fünfzehn hervorragenden Mitarbeitern, wir sind ein wunderbares Team. Ich interessiere mich für jeden von ihnen, auch privat. Man

merkt das an der Atmosphäre, die sich eben auch einer guten Führung verdankt. Ich habe sehr viel renoviert; in der alten Kegelbahn wurde eine Art-Lounge eingerichtet. Professor Peter Weibel entwarf dafür eine Fototapete, die wie eine zerschnittene Bibliothek aussieht. Starkünstler wie Günter Brus und Peter Kogler machten eigene Decken- beziehungsweise Wandarbeiten. Dort finden nun regelmäßig philosophische Diskussionen statt. Ganz wichtig war die Erneuerung der Toiletten, die waren sehr schäbig und, wie man auf wienerisch sagt, so gebrunzelt. Zusammen mit einem Architekten haben wir sie neu gestaltet, schön rund und weiß, mit rotem Fußboden, alles automatisch und so futuristisch biomorph gestaltet, dass manche Gäste sie gar nicht gleich als Toiletten erkennen. Das renovierte Café wurde 2003 mit einem großen Fest eingeweiht.

Ich bin in Wien geboren und im ersten Bezirk aufgewachsen, in der Rathausstraße gleich hinter dem Rathaus, in einer Wohnung mit zweihundertfünfzig Quadratmetern. Sie war so groß, dass ich dort Radfahren lernen konnte. Mein Va-

ter war im Lederhandel tätig, meine Mutter war seine zweite Ehefrau und viel jünger als er. Ich hatte eine wirklich schöne Kindheit, mein Vater weckte mich immer in der Früh, weil meine Mutter das Café Korb führte und länger schlief. Der Vater hatte ihr das Café geschenkt, sie wollte etwas anderes zu tun haben als nur die Kindererziehung. Nach der Volksschule kam ich zu den Ursulerinnen. Das war eine sehr strenge Klosterschule, und ich konnte nur zu Weihnachten, Ostern und in den großen Ferien länger zu Hause sein. Mit meinem Freiheitsdrang fühlte ich mich dort sehr eingesperrt und bin auch öfter weggelaufen. Ich lief immer zur Großmutter, und es wird mir erst jetzt bewusst, dass ich nicht nach Hause wollte. Der Vater arbeitete, meine Mutter war im Kaffeehaus, wir hatten nie ein richtiges Familienleben. Die Großmutter war meine Ersatzmutter, sie hatte eine ganz kleine Wohnung, und das hat mir immer leidgetan. Ich verstand nicht, warum die Murgi, meine Großmutter, nicht mit in der großen Wohnung bei uns wohnen konnte. Aber das vermied meine Mutter.

Als ich vierzehn Jahre alt war, habe ich die Schule gewechselt. Ich wollte Schauspielerin werden, was meine Mutter nicht gestattete. Mein Vater wollte, dass ich die Höhere Töchterschule besuchte, er meinte, eine

Frau müsste das können, was dort gelehrt wurde. Weil ich so schön war, sahen alle in mir nur die reiche Fabrikantengattin. Das war damals so. Allerdings starb mein Vater dann. Auf die Höhere Töchterschule ging ich ihm zuliebe dennoch, bis ich achtzehn war. Von da an war ich auf mich allein gestellt, die Großmutter war inzwischen auch gestorben. Ich begann schon als Sechzehn-, Siebzehnjährige, Jugendstil zu sammeln. Da ich Taschengeld brauchte, bewarb ich mich als Statistin beim Film. Das erste Geld verdiente ich bei Otto Preminger in »Der Kardinal«, in dem ich ein BDM-Mädchen darstellte.

Das Ambivalente ist wahrscheinlich bei jedem Wiener vorhanden. Der Wiener ist, wie man sagt, ein Nörgler, hat immer dieses Unzufriedene, leicht Depressive. Schon damals war Wien für mich vom Lebensgefühl her zu eng, es war wirklich alles miefig. Es gab auch keine Lokalitäten, nur das Café Hawelka, das San Remo, eine Galerie, St. Stephan. Es gab die Kunstszene, die habe ich kennengelernt, als ich Model wurde. Ich wollte als Fotomodel arbeiten. Dafür musste ich sehr schlank sein und hungerte mich von fast siebzig konsequent auf fünfundfünfzig Kilo herunter. Ich war immer willensstark, und wenn ich etwas wollte, setzte ich alles daran, es auch zu erreichen. Ich ging auf eine Mannequinschule, lernte, mich zu schminken und wie man Mode vorführt. Diese Ausbildung schloss ich mit dem Diplom ab. Ich hatte gleich gut zu tun, wurde nach London und nach Mailand geschickt. Das waren aufregende Jahre, in denen ich viele interessante Leute kennenlernte – Fotografen, Künstler, Verleger –, mit denen mich noch viele Jahre lang Freundschaften verbanden.

In der Zeit um 1966 wollte jeder nach New York. Mit einem Bekannten, einem Amerikaner, zusammen ging ich zum amerikanischen Konsulat, wo wir vorgaben, drüben heiraten zu wollen. Dadurch bekam ich die Greencard und die Social

Security Card. Und so flog ich mit neunzehn Jahren mit Pan American und hundert Dollar in der Tasche nach New York. Schon im Flugzeug kaufte ich mir die »Herald Tribune«, um nach Jobs zu suchen. Unter »Help wanted, domestic help« suchte ein Ehepaar in der Park Avenue jemanden, der auf seine

Pudel aufpasste. Da rief ich noch vom Flughafen aus an. Ich wurde gleich engagiert und konnte dort auch schlafen. Ich wohnte also mitten in Manhattan, und es hat mich fast umgehauen, als ich New York gesehen und erlebt habe. Nebenbei, wenn ich nachmittags Zeit hatte, war ich mit meiner Fotomappe zu den Agenturen unterwegs. Nach ungefähr sechs Monaten konnte ich mir eine eigene kleine Wohnung leisten, vis à vis vom Plaza Hotel. Ich

hatte verschiedene Jobs, zum Beispiel bei Bergdorf & Goodman, und war bei einer Agentur, von der ich dann auch nach Rom und Mailand geschickt wurde.

Ich war anderthalb Jahre in New York, da passierte etwas, das ausschlaggebend für meine Rückkehr nach Wien war. Meine Mutter hatte einen Schlaganfall erlitten. Also flog ich nach Wien zurück und erfuhr, dass sie nicht sprechen und den rechten Arm nicht bewegen konnte. Ich habe mich oft gefragt, warum ich zurückgekommen bin, um sie dann zwei Jahre zu pflegen. Ich war so begeistert von New York. Es war aus Pflichtbewusstsein, sicher nicht aus Liebe, und sie hat es mir nie gedankt. Während dieser Zeit wurde ich von Regisseur Sidney Pollack als Schauspielerin für einen Film mit Peter Falk und Burt Lancaster, »Castle Keep« (»Das Schloss in den Ardennen«), engagiert, in dem sechs der schönsten Mädchen Europas exklusive Bordellmädchen spielten. Ich war immer auf der Suche nach etwas Neuem, nach neuen Vorbildern, Vorbilder wie David Bowie, Vivienne Westwood oder Simone Signoret.

In London gab es die Models mit den kürzesten Minis. Das war alles toll für mich, da konnte ich mich ausleben. Und wenn ich nichts zum Anziehen hatte, ging ich als »Kronen-Zeitung«-Verkäuferin eingewickelt oder zog mir ein Chinesengewand an. Boutiquenmode habe ich nie getragen, die gab es auch nur im Ausland, wie Vivienne Westwood oder Zara Rhodes in London. Oder in New York konnte man diese Kleider im Silberlook bekommen, der jetzt wieder in ist, nur war der Mini damals noch kürzer als jetzt und eine Sensation. Mit meinen Beinen konnte ich ihn natürlich gut tragen.

Ich bin auch jetzt noch neugierig auf die Avantgarde, egal ob im Musik- oder im Kunstbereich. Ich tue viel für junge Künstler, mache bei ihren Filmen und Fotos mit, unterstütze sie durch Ankäufe oder veranstalte im Café Ausstellungen und Lesungen. Die Zukunft gehört dem Internet. Da möchte ich Vorbild sein, das sollen die Frauen unbedingt lernen.

Wenn ich ins Café komme, ist das wie ein Auftritt, ich kann meine Freunde dort treffen, es ist mein Salon. Früher war Sigmund Freud Stammgast im Café Korb und traf sich dort mit den Mitgliedern der Wiener Psychoanalytischen Vereinigung zu regelmäßigen Sitzungen. Auch heute gehören Journalisten, Schriftsteller, Maler zu den Stammgästen. Elfriede Jelinek, Elfriede Gerstl, Susanne Widl, wir drei Frauen, saßen im »Korb« und sprachen über unsere Mütter, die alle drei sehr dominant waren und alle drei zur selben Zeit gestorben sind. »Die Klavierspielerin« sollte verfilmt werden. Es gab schon ein Drehbuch, Valie Export sollte Regie führen, ich die Rolle der Kohut spielen. Aber so, wie wir, die Jelinek, die Export und ich, es machen wollten, akzeptierten die Männer es nicht. Die Mutter sollte genauso ausschauen wie die Tochter, um damit auf dieses Konkurrenzdenken aufmerksam zu machen. Es wurde dann ganz anders ohne uns gemacht.

Der größte Einschnitt in meinem Leben war sicherlich der Tod meines Vaters. Das wurde mir erst sehr viel später bewusst, und meine Reise nach New York war durchaus eine Art Flucht. Meine Mutter war nur mit ihrem Kaffeehaus verbunden. Sie war eine ichbezogene, herrschsüchtige Frau. Sie behandelte auch die Mitarbeiter sehr schlecht. Ich hatte viele Verehrer, darunter war auch der zweitreichste Mann Griechenlands, aber ich schickte ihn weg, er war sechzig und ich zwanzig, was sollte ich mit dem. Das hätte meiner Mutter gefallen, aber ich hasste ihre Art von Verkuppeln.

Meinen Lebenspartner Peter Weibel habe ich am 16. Mai 1972 im Café Korb kennengelernt. Das ist vielleicht auch einer der Gründe, warum ich das Kaffeehaus nicht hergeben will, wenn es auch manchmal schwierig war – ich verbinde so viele Erinnerungen damit. Auch mein Vater hat dort gesessen und Karten gespielt. Ich habe sehr viel zu tun mit diesem Kaffeehaus, habe keinen Geschäftsführer, muss jede Entscheidung alleine treffen. Und noch dazu mit einem schwierigen Lebenspartner, der nie da ist. Der Professor Peter Weibel lebt in der ganzen Welt. Er leitet das ZKM, Zentrum für Kunst und Medientechnologie in Karlsruhe. Er war einer der Aktionisten der Uni, ist Medienphilosoph, hat Medizin studiert. Meine Beziehung zu Peter Weibel ist eine besondere Geschichte mit Höhen und Tiefen, wo die Fetzen flogen, aber eine große Liebesgeschichte, die im Alter immer schöner wird. Er ist einer der hellsten Köpfe der Welt.

Als ich ihn kennenlernte, verdiente er als Künstler die ersten sechs Jahre fast nichts, war ein totaler Außenseiter, hatte lange Haare, und meine Mutter konnte ihn überhaupt nicht akzeptieren. Sie wollte mich seinetwegen enterben und ihn nicht mal zu Weihnachten im Café sehen. Das tat mir sehr weh. Er war sieben Jahre mit Valie Export zusammen, aber als er mich kennenlernte, trennte er sich am nächsten Tag von ihr, und seitdem sind wir ein Paar. Er war nie ein bequemer Partner. Weil meine Mutter mich nicht mehr aufnehmen wollte, wohnten wir zwei Jahre in der Waschküche der Gemeinde Wien, bis ich 1974 eine eigene Wohnung für uns gefunden hatte. Wir hatten kein Geld außer dem, das ich verdiente, und das war zu wenig.

In der Zeit haben wir zusammen den Film »Unsichtbare Gegner« gemacht, der inzwischen ein Kultfilm ist. Wir machten noch einen zweiten erfolgreichen Kunst-Spielfilm mit Valie Export: »Menschenfrauen«. Ich schlüpfe darin in viele verschiedene Frauenfiguren, die Rolle war mir auf den Leib geschrieben, das Verwandeln liegt mir sehr. Beide Filme sind heute im Feminismus viel zitierte Werke. Meine eigenen Performances waren ebenfalls feministisch, zum Beispiel 1980 als erste Frau im Frack beim Opernball in der Wiener Staatsoper, was dazu führte, dass Männer, wie auch der deutsche Außenminister Genscher,

mir automatisch auf das Damenklo folgten. Auf der Einladung hatte gestanden: Frack oder Abendkleid, und man setzte voraus, dass die Frau das Abendkleid trug. Ich performte auch in vielen Medienopern von Peter Weibel, etwa in »Stimmen aus dem Innenraum« über die Frauenschicksale Unica Zürn, Linda Lovelace, Lady Ada Lovelace, Mae West, Mary Shelley. Für die Wiener war ich für die üblichen Rollen zu avantgardistisch, ich habe mich auch nie um Rollen bemüht. Wenn es passte, kamen die Leute zu mir. So war es auch am Theater. Hans Gratzer, Direktor des Schauspielhauses, hat mich wie viele andere entdeckt. Ich sang und spielte beispielsweise 1975 in »Dolce Duce« die Geliebte von Mussolini. Diese Arbeit war eine wichtige Erfahrung für mich. Wir waren wie eine Familie, so etwas wie ein Familienersatz mit künstlerischem Aspekt. Mein Leben war immer mit Kunst – und der Neugier auf Kunst – verbunden.

Zur Zeit unterstütze ich die Künstlerin Zenita Komad.

Natürlich ist mir bewusst, dass ich älter werde, und ich tue auch etwas für meinen Körper. Ich gehe diszipliniert mit mir um, esse kein Fleisch, nur Vollkornbrot, pflege mich sorgfältig. Ich habe das Glück, sehr schöne Beine zu haben. Unter meinem großen Busen habe ich immer gelitten, weil er so schwer ist. Aber man muss seinen Körper annehmen, so wie er ist – dem Menschen, der dich liebt, ist es sowieso egal, ob dick oder dünn.

Ich hatte immer viele Verehrer, auch Verehrerinnen. Das erste Mal sprach mich in New York eine Frau an, eine sehr schöne Frau. Ich war etwa neunzehn, sie war um die vierzig und hatte eine der größten Werbeagenturen. Sie meinte, wenn ich mit ihr ginge, läge mir New York zu Füßen. Ich denke, jeder Mensch ist bisexuell veranlagt, nur konnte ich es auch ausleben. Sexualität auch mit jungen Mädchen, die ich gerne hatte, war etwas Besonderes. Ich stand auf zarte Mädchen ohne Busen, das Gegenteil von mir, und sie verehrten mich als Überfrau. Ich bin nicht lesbisch, habe aber erlebt, dass es beim Sex egal ist, ob es ein Mann oder eine Frau ist. Diese Bisexualität hatte etwas Spielerisches. Und die Männer waren, selbst als ich im Anzug war und mit Zigarillo, hinter mir her. Jetzt habe ich schon seit Jahren keine sexuelle Beziehung mehr. Für uns ist diese Askese eine andere Form von Liebe, wir brauchen die Sexualität nicht. Zärtlichkeit ist wichtiger, aber vielleicht ändert sich das in zwei Jahren auch wieder.

Ganz wichtig sind mir meine Freunde. Es sind wenige, aber ich kenne sie schon lange und pflege die Freundschaften. Sie sind wie meine Familie. Ich helfe Freundinnen, denen es nicht gut geht, mit seelischer Unterstützung und auch Künstlern, die keine Ausstellung machen können. Wir machen Musikabende, Lesungen, Präsentationen von Büchern und so weiter. Meine Mitarbeiter will ich gut behandeln und ihnen immer neue Ideen liefern, sei es für die Küche oder für Veranstaltungen im Kaffeehaus. Manchmal hätte ich gerne eine Entlastung oder würde gerne einfach mal drei Wochen ans Meer fahren.

Ich habe meine eigene Religion, das ist die Nächstenliebe, aber von der Religion, so wie ich in der Kirche erzogen worden bin, ist nichts übriggeblieben. Ich habe keine Angst vor dem Tod. 1985 hatte ich einen Lungeninfarkt, das war einschneidend für mich. Aber das sind Ereignisse, die zum Leben gehören. Wie auch einmal der Verdacht auf Brustkrebs. Ich war ganz ruhig, wie der Buddha in mir selbst.

Meine Beziehung zu Peter ist mir sehr wichtig, und ich kann nicht sagen, ob das Café an erster Stelle steht. Es ist wahrscheinlich das Gesamtpaket, weil sich beides lange und schön entwickelt hat: die gegenseitige große Liebe, die nie rostet, und auch das Kaffeehaus.

Ute Karen Seggelke

Jahrgang 1940, Fotografin, Autorin

Liebe ist mein Ordnungsprinzip.

Anstelle eines Nachwortes äußere ich selbst mich auch zu den Stichworten, die das Grundraster der Gespräche mit den Frauen gebildet haben.

Lebensgefühl heute Mein Grundgefühl ist eine Geborgenheit in mir selbst, die Gewissheit, dass ich mich auf mich verlassen kann. Heute, an meinem achtundsechzigsten Geburtstag, spüre ich die große Freude, reich beschenkt zu sein, besonders deutlich. Ich bin reich durch Erfahrung, reich durch Liebe, reich durch meine Neugier und Kreativität. Mir wird aber auch bewusst, dass ich das letzte Lebensdrittel erreicht habe; diese Erkenntnis steht im Widerspruch zu meinem Schaffensdrang, aber im Einklang mit zunehmender Nachdenklichkeit und dem Bedürfnis nach Ruhephasen.

Wichtige Veränderungen in den letzten zehn Jahren Die letzten zehn Jahre haben äußerlich zwei Umzüge mit sich gebracht. Ich konnte mir einen Lebenstraum erfüllen und drei Jahre lang direkt an der Elbe wohnen, jede Minute dort genießend. Inzwischen haben mein Mann und ich die Ideallösung gefunden: Wir bewohnen eine schöne Wohnung unter Reet, ganz einsam an der Nordsee gelegen, nur anderthalb Stunden von Hamburg entfernt, wo wir eine kleine Wohnung über meinem Atelier besitzen. Die innere Veränderung der letzten Jahre voll-

194

zieht sich fast unbemerkt, aber doch deutlich: Trotz der ungebremsten Neugier, Vitalität und Schaffenskraft taucht immer öfter eine Nachdenklichkeit über die Endlichkeit meines irdischen Lebens auf. Besonders seit den beeindruckenden Begegnungen im Zusammenhang mit meinem letzten Buch über die achtzig- bis hundertzweijährigen Frauen halte ich Rückschau und beschäftige mich mit den Möglichkeiten der Zukunft. Mit fast siebzig ist die verbleibende Lebenszeit geschrumpft.

Prägungen Je älter ich werde, desto deutlicher werden sie: die zwar ärmliche Nachkriegszeit mit Hungern und Frieren, aber – viel nachhaltiger – das Aufwachsen in großer Freiheit, wunderschöner Natur, mit großem Garten, Groß-

eltern, Tanten und Kusinen am Rand von Hamburg. Das viele Musizieren in der Schule und zu Hause. Das Aufwachsen ohne Vater und dadurch das ständige Gefühl des Andersseins, verstärkt durch die schrecklichen fünfziger Jahre. Dann das Fremdsein in neuer Umgebung, das mich stärker auf mich zurückgeworfen und mir schon früh innere Sicherheit gegeben hat.

Beruf Mein wunderbarer Beruf wird mich immer begleiten, er befriedigt mein Interesse an Menschen, am Ästhetischen, am Wort. Er belohnt mich mit faszinierenden Begegnungen.

Wichtige Lebensstationen Beglückende Kindheit in den Hamburger Walddörfern, einsame Pubertät im ungeliebten Braunschweig, langsames Erwachsenwerden wieder in Hamburg mit Entdeckung der Liebe, Jazz, Faszination der Fotografie. Jahre der unbegrenzten Möglichkeiten. Heirat in Hamburg, aber merkwürdigerweise wieder Leben in Braunschweig, zwei unvergessliche Jahre in Kalifornien, wunderbares Familienleben im Bauernhaus mit den drei Kindern, Trennung vom ersten Mann, berufstätig sein als Alleinerziehende, nach dem Auszug der Kinder endlich wieder Umzug nach Hamburg, beruflicher Neuanfang mit fünfzig.

Familie / Beziehungen / Partner / Freunde Auch wenn die Kinder schon lange ihr eigenes Leben mit Partnern und Kindern haben, sind wir uns sehr nah. Wenn wir alle zusammenkommen, sind wir jetzt fünfzehn Personen zwischen vier und achtundsechzig Jahren. Diese Familie ist ein großes Glück. Gemeinsam mit meinem über zwölf Jahre jüngeren zweiten Partner haben wir in fast dreißig Jahren viele Klippen umschifft. Wir haben gelernt, uns zu lassen, so kann unsere Liebe wunderbar blühen. Unser Verschiedensein und unsere ausgefüllten Berufsleben lassen nie Langeweile aufkommen. Freunde, besonders Freundinnen, sind sehr wichtig, werden immer wichtiger, kommen immer zu kurz.

Älterwerden des Körpers Mein Körper ist mein Freund. Er begleitet mich schon so lange als schützendes Gehäuse. Dafür bin ich dankbar und halte ihn mit Sport und guter Ernährung fit. Den eindeutigen Signalen des Älterwerdens versuche ich mit Gelassenheit zu begegnen.

Erotik / Sexualität Zärtlichkeit, Innigkeit und große Vertrautheit sind wichtiger geworden als rauschhafte Sexualität.

Wünsche und Träume für die Zukunft Ein Traum ist, mit verschiedenen Generationen unter einem Dach zu leben; ein Wunsch, in Ruhe und ohne Geldsorgen Bücher zu machen.

Lebenssinn / -aufgabe / -ziel Mein Da-sein, mein Leben in sich, ist der Sinn, meine Aufgabe war und ist es, liebevoll und respektvoll mit den Menschen meiner Umgebung umzugehen, auch, die mir gegebenen Begabungen zu nutzen und Früchte tragen zu lassen.

Religion / Spiritualität Ich bin eingebunden in den großen Kosmos, in ein System von Werden und Vergehen. Darin fühle ich mich beschützt und geborgen.

Gedanken über das Alter Gedanken über das wirkliche Alter, das Anfreunden mit der Endlichkeit meines Lebens kommen nun vermehrt. Mir bis zum Schluss Neugier, Freude und Liebe zu erhalten erscheint mir das Wichtigste.

Sterben und Tod In Würde sterben und darin den Kindern für ihr eigenes Leben Vorbild sein, das ist das große Ziel.

Resümee: Was ist heute wichtig? Jeden Augenblick bewusst leben, wahrhaftig, pur, offen, neugierig.

Vitae

EBBA BÄR Geboren 1943 in Flensburg. Besuch eines Gymnasiums, mittlere Reife, Besuch einer Frauenfachschule. 1961–1964 Buchhandelslehre in Flensburg. 1964 Heirat. 1965 Geburt des Sohnes, Umzug nach München. Ab 1972 Halbtagsstelle in der Buchhandlung Chr. Kaiser. 1973 Scheidung. Ab 1977 Autorenbuchhandlung in München, ab 1988 im Vertrieb des C. J. Bucher Verlages. Ab 1991 Buchhandlung Hugendubel am Salvatorplatz. Seit 2004 in Rente, Rückkehr nach Flensburg.

DANIELA BARNEA Geboren 1944 in Jerusalem / Israel. Nach der Highschool bis 1966 Kunststudium. 1971–1977 mit dem ersten Ehemann in Kalifornien. 1977–1978 wieder in Israel. Scheidung und Auswanderung in die USA. 1979 zweite Heirat, drei Kinder. Tutorin für Deutsch und Hebräisch im Palo Alto Unified School District. Teilnahme an Kunstkursen. Aktives Mitglied des Stanford Masters Swim Team. Preise bei nationalen und internationalen Schwimmwettkämpfen. 2008 »Swimmer of the Year« bei den Pacific Masters. Model der Dove-Kampagne für die Pflegeserie »pro-age« (2007). Sie lebt in Palo Alto in Kalifornien.

MONIKA BECK Geboren 1941 in Ludwigshafen, aufgewachsen in Hambach, Abitur in Neustadt / Weinstraße. 1960 Heirat, fünf Kinder. 1967 erste Galerie in Zweibrücken. 1970 Umzug auf den Schwedenhof in Schwarzenacker / Saarland, Galerie und kleiner Buchverlag mit Künstlern wie Wolf Vostell, Günter Grass. 1992 Trennung vom Ehemann. Einstieg in die Politik 1990, CDU-Landtagsabgeordnete für Kultur-, Frauen- und Europapolitik. 1999–2006 Staatssekretärin als Bevollmächtigte des Saarlandes beim Bund in Bonn, ab 1. Januar 2000 in Berlin. 2007 Gründung der Firma für Kulturberatung Ars + Polis mit zwei Partnern. Sie lebt in Schwarzenacker.

SENTA BERGER Geboren 1941 in Wien. Tanzausbildung, ab 1957 Schauspielstudium am Max-Reinhardt-Seminar. 1958 erstes Bühnenengagement. 1963–1969 Hollywood. Ab 1969 wieder in Europa, hauptsächlich in italienischen Produktionen. Seit 1966 verheiratet mit Michael Verhoeven. Mit ihm Gründung der Sentana-Filmproduktionsgesellschaft. Nach Geburt der Söhne 1972 und 1979 vermehrt Theaterauftritte: 1974–1982 als die Buhlschaft im »Jedermann« bei den Salzburger Festspielen, Rollen am Wiener Burgtheater, Hamburger Thalia-Theater und Berliner Schiller-Theater. Seit 1985 Comeback mit Fernsehspielen und Fernsehfolgen, z. B. ab 2002 in der Serie »Unter Verdacht«. 1965 Golden Globe Award, 1968, 1996, 1999 Bambi, 1999 Bundesverdienstkreuz. Autobiografie: »Ich habe ja gewusst, dass ich fliegen kann«. Sie lebt bei München und in Berlin.

WIBKE BRUHNS Geboren 1938 in Halberstadt. Ihr Vater wird im August 1944 als Mitwisser des Attentats vom 20. Juli 1944 hingerichtet. Aufgewachsen in Stockholm, Berlin und London. Studium der Geschichte und Politikwissenschaft. Volontariat bei der »Bild«-Zeitung. Von 1965 bis zu seinem Tod 1977 verheiratet mit Werner Bruhns, zwei Töchter. 1962 Redakteurin beim ZDF. Moderierte als erste Frau ab 1971 die »Heute«-Nachrichten. Erst Korrespondentin in Bonn, dann »Stern«-Korrespondentin in Israel und den USA. 1993 Moderatorin der Nachrichten bei VOX. 1995 Kulturchefin beim ORB. 2000 Sprecherin der Expo 2000 in Hannover. Buchveröffentlichung: »Meines Vaters Land« 2004. Sie lebt in Berlin.

HANNELORE ELSNER Geboren 1942 in Burghausen / Oberbayern. Nach der Schauspielschule faszinierte sie früh in unzähligen Filmen und auf der Bühne. Zahlreiche Auszeichnungen zeugen von schauspielerischen Höhepunkten im Laufe ihrer langen Karriere. 1971 erhielt sie die Goldene Kamera für ihre Fernsehrolle in »Iwanow«, zweimal den Deutschen Filmpreis, außerdem den Bambi, den Telestar, den Bayerischen Filmpreis, den Bayerischen Fernsehpreis und den Grimme-Preis. In »Die Unberührbare«, »Mein letzter Film«, »Alles auf Zucker«, »Vivere« und »Kirschblüten – Hanami« gelingen ihr höchste schauspielerische Leistungen. Sie bekam zweimal das Bundesverdienstkreuz: 1997 für ihre Verdienste als Schauspielerin und 2005 für ihr Engagement in der Deutschen Aidsstiftung, im Förderverein Fritz Bauer Institut e. V. gegen das Vergessen des Holocausts und bei Karuna e. V. 1981 wurde ihr Sohn Dominik in München geboren. Sie lebt in Frankfurt am Main.

HEIDI GÜNTHER Geboren 1942 in Darmstadt. Nach Schulabschluss Ausbildung zur Industriekauffrau. Sprachschule in Lausanne. Sekretärin im Deutschen Rechenzentrum in Darmstadt. 1965 Heirat, 1966 Geburt eines Sohnes. 1967 Übersiedlung nach Köln. Mitarbeit im Architekturbüro des Ehemannes. 1993 Scheidung. Seit 1980 Geschäftsführerin einer Antiquitäten- und Schmuckgalerie. Berufliche Reisen nach Afrika, Asien, Mexiko. Sie lebt in Köln.

CHRISTA HÖHS Geboren 1941 in Aschersleben. Ab 1947 Grundschule in Hamburg, Realgymnasium in Frankfurt am Main. Lehre als Kauffrau, ein Jahr London, Sprachexamen. Seit 1970 Arbeit in der Werbung und deren Umfeld, z. B. Verkaufsförderung und

Leitung einer Werbeabteilung für Kosmetikprodukte, für »Vogue«, kaufmännische Beratung von Modedesignern. Anfang der Neunziger als Seniormodel und Schauspielerin in New York tätig. 1994 Gründung der Modelagenturen CLASSIC-MODEL und SEN!OR-MODELS. Sie lebt in München.

CHRISTINE KAUFMANN Geboren 1945 in Gröbming / Steiermark. Mit sieben erster Bühnenauftritt. Mit acht eroberte sie als »Rosenresli« ein Millionenpublikum. Nach dem Film »Die letzten Tage von Pompeji« 1959 Aufbruch nach Hollywood. 1961 Gottfried Reinhardts Film »Stadt ohne Mitleid«, Golden Globe Award. 1963 Heirat mit Tony Curtis. Geburt zweier Töchter. 1967 Scheidung. 1968 Rückkehr nach Deutschland. Fernsehfilme, z.B. »Wie ein Blitz« von Rolf von Sydow. Nach TV-Rollen Filme mit Werner Schroeter, Herbert Vesely, Rainer Werner Fassbinder. Entwicklung einer eigenen Kosmetik- und Wellnessproduktreihe. Autorin vieler Bücher, z.B. »Verführung zur Lebenslust – Zen und die Sinnlichkeit« (2007), »Christine Kaufmann und ich« (2005). Sie lebt in München.

MARGARITA KLING Geboren 1944 in Westpreußen, aufgewachsen in Mecklenburg-Vorpommern. Studium der Kunsterziehung. Kunsterzieherin. Ab 1984 freischaffende Keramikerin. Nach der Wende 1989 Keramikkurse in einem Kulturzentrum. Seit 1996 eigene Schauspielagentur. Seit 1964 mit Ulrich Kling verheiratet. Sie lebt mit ihm und den Töchtern Anja und Gerit Kling und deren Familien auf einem großen Grundstück in Wilhelmshorst bei Potsdam.

ESKE NANNEN Geboren 1942 in Emden. Nach der Schule kaufmännische Ausbildung. Reisen als Reiseleiterin, Vorstandsse-

kretärin und Zahlmeisterin einer schwimmenden Universität in viele Länder. Erste Heirat 1970 in Berlin, Geburt des Sohnes, 1981 Scheidung und Rückkehr nach Emden. Gemeinsame Projekte mit Henri Nannen. 1986 Gründung der Kunsthalle in Emden, deren Geschäftsführerin sie ist. Mitglied im Stiftungsrat der Berlinischen Galerie, der Ibach-Denk-Mal-Stiftung und Jurorin in zahlreichen Gremien. Viele Auszeichnungen. Sie lebt in Emden.

JULIA ONKEN Geboren 1942 in Münsterlingen / Schweiz. Nach der Schulzeit Beginn einer Lehre als Papeteristin. Danach zweiter Bildungsweg, unterbrochen durch Geburt der Töchter und Ehe. Abschluss des Studiums an der Akademie für angewandte Psychologie in Zürich und Weiterbildung zur Psychotherapeutin. Nach der Scheidung alleinerziehende Mutter. Gründung einer psychotherapeutischen Praxis. Dozentin in der Erwachsenenbildung. Seit 1986 zahlreiche Buchveröffentlichungen, u.a. »Feuerzeichenfrau« (1988) und »Vatermänner« (1993). 1988 Gründung des Frauenseminars Bodensee in Romanshorn / Schweiz. Mehrere zertifizierte Ausbildungen bis zur Erlangung des eidgenössischen Fachausweises. 1998 Gründung des Vereins Bildungsfonds für Frauen. Sie lebt in Amriswil / Schweiz.

MIRJAM PRESSLER Geboren 1940 in Darmstadt. Kindheit bei Pflegeeltern. Studium der Kunst an der Akademie für Bildende Künste in Frankfurt am Main und Sprachenstudium in München. Ein Jahr Kibbuz in Israel. Heirat, drei Töchter, nach der Scheidung alleinerziehend. Seit 1979 schreibt sie Jugendliteratur. Der erste Roman, »Bitterschokolade«, wurde ausgezeichnet. Seit 30 Jahren lebt sie mit ihrem zweiten Mann

zusammen. Autorin von mehr als 30 Kinder- und Jugendbüchern und Übersetzerin von ca. 200 Büchern für Jugendliche, Kinder und Erwachsene aus dem Niederländischen, Flämischen, Afrikaans, Hebräischen, Jiddischen und Englischen. Zahlreiche Auszeichnungen. Sie lebt in Landshut.

SABINE REICHEL Geboren 1946 in Hamburg. Nach der Schule Reporterin und Redakteurin bei Hamburger Zeitungen mit Schwerpunkt Musik, Movies, Kultur und Trends. 1975 Umzug nach New York als unabhängige Modedesignerin, ab 1983 wieder Artikel und erste Bücher. 1994 Umzug nach Los Angeles, Drehbuchautorin. 2005 Rückkehr nach Deutschland. Buchveröffentlichungen u.a.: »What Did You Do in the War, Daddy? Growing Up in Germany« 1989; eigene Übersetzung ins Deutsche: »Zwischen Trümmern und Träumen« 1991. Als Journalistin u.a. für das »Rolling Stone Magazine«, die »Elle«, »Vogue«, »Süddeutsche Zeitung«, »Brigitte woman« tätig. Sie lebt in Hamburg.

GESINE SCHWAN Geboren 1943 in Berlin. Nach dem Abitur Studium der Romanistik, Geschichte, Philosophie und Politikwissenschaft in Berlin und Freiburg/Breisgau. Studienaufenthalte in Warschau und Krakau zur Vorbereitung der Dissertation. 1975 Habilitation, 1977 Professorin für Politikwissenschaft an der Freien Universität Berlin. Forschungsaufenthalte in Washington D.C., Cambridge / USA und New York. Seit 1999 Präsidentin der Europa-Universität Viadrina in Frankfurt an der Oder. 1972 Eintritt in die SPD. 1977–1984 und seit 1996 Mitglied der Grundwertekommission im Parteivorstand der SPD. 2004 Kandidatin von SPD und Bündnis 90 / Die Grünen für das Amt des Bundespräsidenten. Seit 2005 Koordinatorin der Bundesregierung für die grenznahe und zivilgesellschaftliche Zusammenarbeit mit Polen. 1989 Tod ihres Mannes, mit dem sie zwei Kinder hat. Seit 2004 in zweiter Ehe mit Peter Eigen verheiratet. Ausgewählte Schriften: »Politik und Schuld. Die zerstörerische Macht des Schweigens« (1997), »Demokratische politische Identität« (2006). Sie lebt in Berlin.

IRENE SCHWEIZER Geboren 1941 in Schaffhausen / Schweiz. Nach der Handelsschule Arbeit als Sekretärin, nebenbei Jazzpianistin. Seit den Siebzigern weltweit Auftritte bei verschiedenen Festivals. Als Feministin in der Feminist Improvising Group aktiv. Trio mit Joëlle Léandre und Maggi Nicols. Wichtige Organisatorin in der Schweizer Jazzszene. Aktiv beim Taktlos Festival in Zürich. Zahlreiche Veröffentlichungen bei Intakt Records. Sie lebt in Zürich.

ANJA SILJA Geboren 1940 in Berlin. Mit sechs Jahren Gesangsstudium bei ihrem Großvater. Erstes Konzert mit zehn Jahren in Berlin. 1956 erstes Opernengagement im Staatstheater Braunschweig. 1958 Staatstheater Stuttgart und Oper Frankfurt. 1960–1966 unter Wieland Wagner in Bayreuth und in fast all seinen Inszenierungen europaweit. Ihr Repertoire umfasst alle großen Opernpartien. Heirat mit Christoph von Dohnányi. Drei

Kinder. Umzug in die USA. Nach 25-jähriger Ehe Scheidung. 1990 Rückkehr auf die Bühne, u.a. mit Janáčeks Opern »Die Sache Makropulos« und »Katja Kabanova«. Auftritte beim Festival in Glyndebourne. Bundesverdienstkreuz. Unzählige Opernaufnahmen mit den großen Dirigenten des 20. Jahrhunderts auf CD und DVD. Sie lebt in Paris.

ANNEGRET SOLTAU Geboren 1946 in Lüneburg, wuchs bei ihrer Großmutter in Norddeutschland auf. 1967–1972 Studium an der Hamburger Hochschule für Bildende Künste. Seit 1970 ist sie mit dem Bildhauer Baldur Greiner verheiratet. 1972 Abschluss des Meisterschülerstudiums an der Akademie der Bildenden Künste in Wien. 1973 Stipendium des DAAD für Mailand. 1978 und 1980 Geburt der Tochter und des Sohnes. Sie gewann zahlreiche Kunstpreise, u.a. den der Deutschen Akademie Rom Villa Massimo. Verschiedene Lehraufträge, zahlreiche Einzel- und Gruppenausstellungen. 2006 Ausstellung »ich selbst« auf der Mathildenhöhe in Darmstadt. 2006–2009 ist sie mit drei ihrer Bilderzyklen in der Wanderausstellung »WACK!Art and the Feminist Revolution« in Los Angeles, Washington D. C., New York und Vancouver / Kanada vertreten. Sie lebt in Darmstadt.

MARGRIT VOGT Geboren 1942 als siebtes von zehn Kindern in Bargfeld bei Uelzen. 1949–

1957 Besuch der einklassigen Volksschule in Bargfeld. Ausbildung zur Land- und Hauswirtschafterin. 1962 Heirat. 1963, 1966, 1968 Geburt der drei Kinder. Weiterbildung an Volkshochschulen und in Seminaren, ehrenamtliche Tätigkeit im Landfrauenverein und Kirchenchor. Seit 1967 Führung des landwirtschaftlichen Betriebs gemeinsam mit ihrem Mann. 2005 Übergabe an den Sohn. Hofladen und Marktstände mit eigenen Produkten. Sie lebt in der Lüneburger Heide.

SUSANNE WIDL Geboren 1948 in Wien. Ursulinerinnen-Internat, Höhere Töchterschule. Ab 1965 Arbeit als Model in Wien, New York, Rom, Mailand, London. 1966–1968 in New York, Rückkehr nach Wien zur Unterstützung der Mutter im Café Korb, gleichzeitig Beginn der Filmarbeit, z. B. in »Castle Keep« (»Das Schloss in den Ardennen«) von Sidney Pollack mit Burt Lancaster und Peter Falk. Auftritte im Theater am Kärntnertor und im Schauspielhaus Wien. Hauptrollen in Spielfilmen von Valie Export und Peter Weibel. In den Achtzigern eigene Performances und Mitwirkung an den Multimedia-Opern von Peter Weibel. 1980 in der Wiener Staatsoper als erste Frau im Frack beim Wiener Opernball. 1999 Übernahme des Café Korb. Sie lebt in Wien.